東大首席が教える「間違えない」思考法

人生の選択を左右する「俯瞰力」の磨き方

山口真由

PHP文庫

○本表紙図柄＝ロゼッタ・ストーン（大英博物館蔵）
○本表紙デザイン＋紋章＝上田晃郷

文庫版まえがき　人生の分岐点で「正しい答え」を選ぶために

「できる人」と聞いてみなさんが真っ先にイメージされるのは、論理的思考や発想力が優れている「キレ者」と呼ばれる人ではないでしょうか。

そういう能力があれば、もちろん「優秀な学生」と呼ばれると思います。しかし、それだけで「優秀な社会人」として活躍できるわけではありません。

大学を卒業し、社会に飛び出した私には、残念ながら「優秀な社会人」になるための素養が備わっていませんでした。新社会人として様々な失敗や間違いを繰り返し、やがて私は〝勉強ができる人〟から〝仕事ができる人〟になるために、何が必要なのかを考えるようになりました。

そして社会人として経験を積んできた今は、〝人生で成功する〟ために必要なものを考えるようになっています。

振り返れば、臆病《おくびょう》になるときも、間違った道を歩むことも、たくさんありました。転職や留学を決めたことはもちろん、人生で何を優先するかといったことまで、私もみなさんと同じように、迷い、苦しみながら自分の道を探してきたのですから。

ただ、どんなときも、自分で自分の人生を選び取ることを恐れてはいけない、そう言い聞かせてきたように思います。そうやって仕事や人生に向き合うなかで、私はある答えにたどりつきました。

仕事でも人生でも成功するために必要なもの――それは他人や会社、社会、ときには自分自身さえも客観視し、全体をとらえ、そのなかで自分がとるべきベストな行動を選択する力だと気づいたのです。

社会に出たばかりの私は、目の前の仕事を片付けることに一生懸命でした。

1年目の夏休みに家族が旅行に誘ってきたとき、私は「そんなの絶対無理！」と、そっけなく答えました。そして、3年目に入るころには、家族は私には声を掛けずに旅行に行くようになりました。

組織に入ったばかりの私には、上司を満足させるという目の前の目標がすべてでした。久しぶりに会った恋人と食事をしているときでも、上司から電話が来たら、迷わず職場に引き返していました。「そういうことなんだね?」と念押しした彼も、私のもとを去っていきました。

人生は選択の連続です。そして、学生時代との大きな違いは、正しい答えがない選択を繰り返さなければならないということです。

だからこそ、自分が納得する道を選ぶことが大切。そして、そのためには近視眼的にならずに、ものごとを引いて見る力――「俯瞰力《ふかんりょく》」が何よりも重要だと、誤った選択を繰り返し続けた私は思うようになりました。

私たちの人生は「パブリック」と「プライベート」の領域に分けられます。どういう肩書を手にして、いかなる業績を残し、世間からどう評価されるかという職業人生は、いわばオフィシャルな経歴で「パブリック」です。

それに対して、どんな家庭を築き、家族にどれだけの時間を割《さ》くかという家庭生活は、個人の「プライベート」になります。

そして、私たちは日々、両方の領域で選び続けています。どんな職場を選ぶか、どんな人と人生を共にするか。さらに、限りある自分の時間を職業人生と家庭生活にどう振り分けるかというのも、大事な選択でしょう。

けれど多くの人は、自分が選んでいるという実感がないまま、目の前の目標に一生懸命になります。「このプロジェクトのプレゼンが1週間後に控《ひか》えている。今日中に上司に資料を提出しないと……」真面目な人ほどきっとそうなります。プライベートには、「この日までにこうする」なんて期限はないのが普通。それに対して、仕事の締め切りはどんどん迫ってくる。主体的に選んだわけではないのに、組織の論理に押し流されて、大切な人との約束を省みないまま、後戻りできなくなる人もいるでしょう。

しかし本当は、人生においてどんな価値を大事にし、誰と関わり、何を残すかは、あなたが自分で考えて、勝手に決めていいのです。誰のものでもない、あなたの人生なのだから、他人からとやかく言われる問題ではありません。

忙しさや世間体にとらわれず、「自分なりの正しい答え」を選び取る。それを可能にするのが、「俯瞰力」なのです。

20代はがむしゃらに働きたい、そうやって早く成長して、仕事で頼られる人材になりたいと考える人もいるでしょう。30代に入ったら、子供を持つことを考えたい、子育てのためにある程度仕事をセーブしたいと考える人もいるかもしれません。そうした人生設計だけではなく、今はこの恋愛を成就《じょうじゅ》させることだけに集中したいという人もいれば、このプロジェクトを成功させるためなら、寝食を忘れてうちこむことも厭《いと》わないという人だっていてかまわないのです。

大切なのは、自分がどういう人間で、どういう人生を生きたいかということ。

これは何よりも難しい問いなので、もちろん明確に答えられる必要はありません。けれど、常に頭の片隅に、この疑問を置いておかないといけない。それが「俯瞰力」を持つということです。

会社に、上司に、親戚に「君のためだ」と畳《たた》みかけられると、なんとなくそんな気がしてくるものです。年長者には経験もあるし、自分のことを親身に心配してくれているならなおさら。

だけど、誰かの価値観を自分のそれに取って代わらせたりしないでください。心の中の違和感を無視しないでください。そして、狭い部屋で先輩に熱く諭《さと》されて、すんでのところで「はい」と頷《うなず》きそうになっても、必ず踏みとどまってください。「自分の頭でゆっくり考えたい」と部屋を出て一人で深呼吸して、頭の片隅の疑問を自分に問いかける余裕を決して失わないで。

自分の人生の舵取《かじと》りを誰かに任せない――これが最終的に満足できる人生を生きる秘訣《ひけつ》ではないでしょうか。そして、そのために絶対に必要な力が「俯瞰力」なのです。本書でお伝えする俯瞰力の磨き方で、みなさんの人生をよりよいものするお手伝いができたら、嬉しく思います。

山口真由

はじめに

『東大首席弁護士が教える　超速「7回読み」勉強法』（PHP研究所）という著書のまえがきで、私は、「東大首席」の肩書きを、今もなお名乗り続けることは、自分にとってコンプレックスであると書きました。

東京大学を卒業したのは10年以上前。それにもかかわらず、いまだに自分にとっての最大の称号が「東大首席」だなんて！　社会に出てから、いったい、私は、何をしていたのだろうと思ってしまうからです。

社会人になってからの私には、焦りがありました。

学生時代と同じように、いや、それ以上に、成果を出さなくてはいけないと思いました。そのためには、「7回読み」の方法を、社会人としても、応用する必要があります。ですが、「7回読み」の方法は、まずは教科書を、つまり、正しい答えを7回読むという方法なのです。

「正しい答えが分からない」それが、社会に出た私のつまずきでした。

そう、学生時代には、常に、「正しい答え」が私の前に示されていました。あとは、それを繰り返し読んでインプットすればよかったのです。

しかし、社会に出た今、誰が、私に対して「正しい答え」を示してくれるのでしょう。

次第に、私は「7回読み」という自分が確立した方法論を信じることができなくなり、さらに、努力すること自体を疑うようになりました。

学生時代には、努力することは最も大変なことだと思っていました。しかし、社会に出て、それよりも大変なことがあると気づきました。何に向かって努力していいのか、それが分からないことのほうが、もっとずっとつらいのです。

「もっと頑張らなきゃ。もっと頑張らなきゃ。あのころのように……」

自分自身の焦りをごまかすように、何度も、自分にそう言い聞かせました。しかし、その言葉自体が、とても空《むな》しく響きました。

そんな中、私は、自分が最も頑張った時代を思い起こしていました。やはり、それは、司法試験の直前、一日24時間のうち19時間半を勉強に充《あ》てたときのことです。

そのときのことを、もう一度、詳細に頭に描いてみます。

一日3時間の睡眠、20分ずつで三度の食事を摂る、20分で入浴する、残りの10分で家族と電話する……。

そして残りのすべての時間を勉強に費やし、挙げ句の果てに「♪ほ~た~るのひか~りまどのゆ~き~」というメロディが、繰り返し繰り返し聞こえてくるようになったのです。

そして、そのことを母に告げて、「私には聞こえないわ……、あなたは幻聴を聞いているのよ」という指摘を受けたのでした。

うーん……、本当によく頑張ったな~。

そのとき、私は、あることに思い至りました。

ちょっと待って。私、そういえば、母に「幻聴」って言われたとき、なんて思ったんだっけ？　あ、そうだった！　あのシリアスな場面で、私は、こう思ったんだった！

「何か、私、すっごい必死になってない？　ちょっとウケる（笑）」

そのとき、私は、壮絶な努力をしている自分を上から眺めているような、そんな感覚を覚えていた……。

そう思い出して、はっとしました！

学生時代の私は、確かに、一生懸命頑張っていました。また、同時に、そういう自分を上から眺めているような「もう一人の自分」が、常に存在していました。

どんな深刻な状況でも、このもう一人の自分は、常に冷静で、客観的でした。

冷めた知性と乾いた達観を持って、私を上から見下ろしてくれていたのでした。

そう、もしかしたら、一生懸命、努力し続けられたのは、このもう一人の自分がいたからかもしれない……。

本当は、教科書ではなく、このもう一人の自分が、私の努力すべき道を、「正しい答え」を示してくれていたのかもしれない……。

学生時代と違って「正しい答え」が見つからないと思って、焦っていました。

この焦りの中で、私は、「努力」だけにフォーカスするあまり、このもう一人の自分の存在を忘れてしまっていたのではないかと思い至りました。

努力している自分とそれを上から見下ろす自分は、車の両輪。つまり、「努力」のほかに、全体を見渡す力、すなわち「俯瞰力《ふかんりょく》」が必要なのではないか、そう気づいたのです。

そして、突然、いろいろなものが、はっきりと見えるような気がしました。

社会に出て、財務省に入り、弁護士になり、多くの優秀な方々と仕事をする機会を得ました。そういう方々は皆一様に「正しい答え」を知っているように思いました。

しかし、実際には、そうではないのではないか。

逆に、唯一無二の「正しい答え」なんてないということを知っているのではないか。

社会に出た今、「正しい答え」は、ひとつではありません。

むしろ、状況、文脈や人間関係によって、常に変わるものです。

チーム全体の目標、組織全体のビジョン、会社全体の戦略、そういう全体観の中で「正しい答え」が決まってきます。

だからこそ、チーム、組織、会社全体を見渡す力、つまり、俯瞰力が、社会人として必要不可欠な能力となるのです。

そう思った途端に、社会人になり、財務省に入り、弁護士になって出会った多くの優秀な方々が、いったい何をしていたのかが、はっきりと見えてきました。同時に、彼らが私に何を教えようとしていたのか、私が何につまずいていたのかも、はっきりと見えてきました。

この本は、この私の気づきを、余すところなく、一冊にまとめたものです。「7回読み」で努力の方法論を述べました。そもそも、何に対して努力をすべきか見えてこないという方に、本書の「俯瞰力」がなにがしかのヒントになれば、これほど嬉《うれ》しいことはありません。

東大首席が教える
「間違えない」思考法

contents

第1章

「成功する仕事」に必要な「俯瞰力」とは

第2章

私の社会人ストーリー
～「やる人」から「考える人」へ

第3章

俯瞰力を磨くステップ1

自分を正しく認識しよう

第4章

俯瞰力を磨くステップ2
「人から見た自分」を想像しよう

第5章

俯瞰力を磨くステップ3

全体の構造を見ながら行動しよう

文庫版特別書き下ろし

第1章

「成功する仕事」に必要な「俯瞰力」とは

なぜ、俯瞰力が必要なのか

「勉強ができる人」＝「仕事ができる人」ではない

俯瞰力《ふかんりょく》――それは「全体を見渡す力」。

上空から下の世界を見渡すように、物事の全体像を読みとる力です。

私は、これを、社会人に必要不可欠なものと考えます。なぜそう思うようになったかを、最初にお話ししましょう。

社会に出るまで、私は「勉強のできる人」と言われてきました。

そして、その評価を受け続けるために、私は、たゆまぬ努力を続けてきました。

学生時代の私の努力は、まっすぐに結果に反映されていきました。さまざまな苦労はあったものの、基本的には、テストの点数や学年での順位は、勉強量に比例して上がっていきました。大学在学中に司法試験と国家公務員試験に合格したことや、東大を首席で卒業したことも、努力が結果に結びついた例と言えるでしょう。つまり私は、「優秀な学生」になるためのノウハウに関しては明確につかめていた、と思います。

そんな私が、「優秀な社会人」になったかというと——。

実のところ、はなはだ心もとない、というのが本音です。

私は、財務省で2年、弁護士事務所で5年働き、ときにはテレビ番組でコメンテーターを務めたり、こうして本を書いたりとさまざまな種類の仕事に携《たずさ》わってきました。しかし、それぞれの場面で、未熟さを感じることは多々あります。

今でもそう感じるくらいなのですから、社会人になりたてのころは、もう本当に羞恥《しゅうち》と困惑の連続でした。

勉強のノウハウと仕事のノウハウはまるで違う、ということに愕然《がくぜん》とし、今思えば顔から火が出るくらいの恥ずかしい経験もしました。

思えば、これは当然のことです。

勉強とは、知識を頭に入れる＝「インプット」の作業です。試験のとき以外は、頭に情報を入れることだけを考えていればいいのです。

それに対して、仕事はほとんどが「アウトプット」の作業で占められます。報告や伝達、会議での発言やプレゼンテーション。インプットの量と成果がまっすぐな比例関係にあるというセオリーは通じません。

インプットの量を増やし続けることを強固な信条とし、成功経験を積み重ねてきた私にとって、これまでと勝手の違う社会は大きな衝撃となりました。そして、「勉強ができる人」から「仕事ができる人」になるには何が必要なのかを考えるようになったのです。

「仕事ができる人」＝「上に立てる人」ではない

学生時代と同じく、社会に出て以降も、私は、「向上心」をとても重要なものと考えてきました。

「向上心」というのは、「上を向く力」のことです。企業の中で上を目指す人というと、出世欲にまみれた人物という、若干ネガティブなイメージを抱かれるかもしれません。しかし、向上心がどのような形で表れたとしても、向上心そのものを否定的に捉えるべきではありません。

会社員であれ、自営業者であれ、何か目的があるならば、そのために最も有利な手段を選ぶべきです。志を持って、それを可能にできる立場を目指すのは、むしろ社会人として当然持つべき姿勢です。

しかし先に述べたとおり、社会の中で、向上心を抱き、上を目指そうと思うと、勉強とは別の能力を身につけなくてはなりません。

では、その能力とは何か。アウトプット力は、まさしく、その基盤をなすものでしょう。しかし、それだけでは不十分なのです。

「優秀なビジネスマン」と言われる人々の多くは、正確で網羅的な資料を短時間で作成し、素晴らしいプレゼンテーションをします。

しかし、多くの優秀な方々と一緒の仕事に携わる機会を得て、私は、組織の中枢部で大きな権限を持つ限られた人には、単なるアウトプット力とは全く別の、本質的な力が備わっていると確信するに至りました。

それこそが俯瞰力だと思います。

どんなに業務執行能力が優れていても、視野の狭い人間には、その視野に見合った責任しか与えられません。

自分の責任が小さいうちは、業務執行能力にばかり目がいきがちです。あれこれ考えているよりも、まずは手を動かす人。こういう人が重宝されます。

実際に、財務省では、作業を頼まれた新人が「この作業はどういう意味があって……」と口を開きかけると、「まず、やって！」と釘《くぎ》を刺されるほど。

しかし、新人時代の忙しさにかまけて、業務執行だけに忙殺されていると、その後の成長は明らかに頭打ちになります。

自分のチームが社内で果たす役割は何か、自分の会社がこの業界において果たたす役割は何か、そして、この業界が現在の日本社会において果たす役割は何か。業界全体の、日本全体の、そして国際的な視点を持てない人材が、会社のトップになれるはずがありません。つまり、責任が大きくなるほど、広い視野が必要になるのです。そして、この広い視野というのは、社長になって、突然、身につくものでは決してありません。業務執行能力が重んじられている若手の時期から、意識的に身につける必要があります。さらに言えば、それができた人材こそが、一番脂《あぶら》の乗った中堅の時期に、その能力を認められ、大きな飛躍の波に乗れると思うのです。

POINT

仕事で成功する人は、広い視野を持っている。

「頭のいい人」と「仕事で成功する人」

財務省の三羽烏、最後に残ったのは……

広い視野を持つのは、「他人の視点を持てる」ことでもあります。自分の視点を確立するのみならず、他人の視点に立って、周囲と自分の関係性を敏感に感じとって調整する、バランス能力を身につけることも意味するのです。

「できる人」というと、「切れ者」というイメージを描きがちです。しかし、本当に最後の最後にトップに立つ人物に必要な資質というのは、それとはやや異なるものではないか、私はそう思うようになりました。

財務省のはるか先輩に、超優秀と言われた三人がいました。いずれも同期入省、つまりライバル関係にあるわけです。ちなみに、この三人があまりに優秀だったので、この年は財務省の「当たり年」とまで言われているそうです。

一人は、行動力に優れた親分肌。

もう一人は、「日本の頭脳」と呼ばれた、カミソリ級の切れ者。

最後の一人は、バランス感覚に優れた気遣いの人。とはいっても、他の二人と比べて強烈な個性を持っていたとは聞いていません。

この三人のうち、最終的に組織のトップにまで上り詰めたのは誰だったかというと……。

親分肌の一人は、行動力に優れるあまり、清濁併せ呑《の》む少々強引な方法でことを進めようとしました。そして、不祥事を起こし、つまり、「濁」の部分に飲まれて、最終的には、省を去らなければなりませんでした。

切れ者の一人は、論理に勝るカミソリであるがゆえの尖《とが》った性格もあってか、やはり、組織のトップにはなっていません。この方も、省を去って、違う業界で異能を発揮されています。

結局、省のトップに上り詰めたのは、バランス力に優れた最後の一人だったのです。財務省改革の嵐の中を、絶妙なバランスによって乗り切った彼は、最終的には財務省のトップの地位に就《つ》くことができたのです。

人情味にあふれて自分の決めた道を邁進《まいしん》する行動力、あるいは鋭い分析力と明快な論理力、いずれも仕事をする上で重要な要素ではあります。実際に、前者の二人は、財務省入省時から、際立って光っていたと言われています。幹部候補生として、将来を期待され、かつ、約束された、いわば、選ばれた存在だったわけです。

しかし、最後の一人は、当初から光っていたわけではないそうです。むしろ、同期でも特に目立った二人には、水をあけられていたと聞きます。しかし、重要なのは、経験を重ねれば重ねるほど光る人材だったことです。多くの前途有望な若手が、途中で輝きを失ってしまう中、ポストが上がるほど光る人材になるための重要な能力、それが、全体的な広い視野に立ってバランスをとる力、つまりは

「俯瞰力」なのです。

プレーヤーの能力とマネージャーの能力

さて、皆さんは、ご自分を振り返って、この三人のうち、自分がどのタイプに近いと思われるでしょうか。

ごく大まかに、行動型、頭脳型、バランス型、として考えてみましょう。

ここで多くの方が――特に若い方は、「行動型か頭脳型か」をまず考えるのではないでしょうか。自分は行動的か、それとも、思慮深いか。自分はエネルギッシュなタイプか、または、クールなタイプか。自分は意志力あふれるリーダー型か、はたまた、参謀・ブレーンタイプか。そうした自己分析は、これまでも何度かされたことがあるでしょう。

それに比べて、「バランス感覚に優れているかどうか」については、あまり注目していないのでは?

なぜなら、社会に出てからは、バランス感覚を明確に問われる機会が少ないからです。「周囲との関係性の中でどう行動するか」というテーマは、もちろん、プライベートでも一定の関心事ではあります。しかし、行動力や知性と比較して、やや華やかさに欠けるこの能力は、社会人としてまず身につけるべき能力とは、されてきませんでした。

ところが、実際には、周囲の人々の性格や能力、上下関係、利害関係、思惑やプライドといったもの、こうした周囲との関係性が、結果を大きく左右します。この周囲との関係性というのは、なかなか分かりにくく、合理的に説明しにくいものです。そして、その合理的に説明されない何かを的確に捉えて、周囲との関係の中で、うまく力を発揮するために必要なものが、バランス力です。

このバランス力は、自分の社会的な地位が上がるにつれて、ますます大切になる能力です。なぜなら、実行力や頭の良さは、主に業務を遂行するとき――「プレーヤー」として働くときに使う能力であるのに対し、バランス感覚は「マネージャー」としての能力、全体を見て、自分だけではなく他人を動かしていく管理職に必要となるからです。

先ほど述べたように、財務省では、入省時に最も輝きを放つタイプと、時間を経るにしたがって輝きを増すタイプがいると言われています。

後者のタイプは、この「マネージャー」としての能力が高いのでしょう。

そして、財務省の人事を長年分析し続けたある記者によれば、最終的に組織のトップに立つのは、後者のタイプだそうです。

実行力や論理力など「プレーヤー」としての強みを持つ人は、入社時からスターとしてもてはやされます。そのような人に憧れ、同じような能力を伸ばそうとする人も多いでしょう。

しかし、実際には、真のトップとなるために必要なのは、全体の中でバランスをとるための「俯瞰力」ではないか、そう思えるのです。

POINT

上に立つ者は、周囲がよく見えていないといけない。

社会の中の集団、集団の中の自分

「一生懸命」だけでは仕事はできない

「有能なだけではなく、さらにプラスアルファが必要」というと、「それは『熱意』ではないか？」という人がいるでしょう。

確かに、熱意は他人の心を動かすために、絶対になくてはならないものです。

しかし、この熱意というのは、ときとして危険なもの。

たとえば、自分の考えがチームの方針と合わない場合、自分たちの部署が注力してきたプロジェクトが会社全体の方針によって頓挫《とんざ》する場合、それでも、自分の考えに、自分たちのプロジェクトに固執し、それが受け入れられないと一気にモチベーションを落としてしまう人がまわりにいないでしょうか。

この場合には、せっかくのパッションが悪い方向に向いてしまい、逆効果になっています。

「誠意」によっても、ときとして悪いスパイラルに陥ります。

弁護士をしていて、被告人に言われるがままに弁護をしなければならないジレンマを感じることもありました。

他人の物を盗ったのに、「自分の持ち物だと思い込んでいた」なんて、誰の目にも明らかな言い訳を繰り返したりすると、逆に、反省していないと判断されてしまうもの。

だから、被告人のちょっとあり得ない言い訳を、そのまま裁判官に「誠実に」伝えると、彼の罪を却《かえ》って重くしてしまうこともあるのです。

長期的な視点に立たない誠意は危険です。場当たり的な言い逃れをかばうよりも、罪を自覚してもらって反省を促《うなが》すほうが有効な場合もあります。

ただ、私も新人の頃は、よくこうした「熱意」や「誠意」の罠にはまっていました。「熱意」や「誠意」は、それ自体として、非常に重要な資質です。しかし、これらの資質が逆の効果を生んでしまうのは、どういう理由なのでしょうか。

実は、熱意や誠意を生かすためには、「俯瞰力」が、必要不可欠なのです。

財務省時代のある経験から、私はそう学びました。

財務官僚の生活はなかなか忙しいものの、とてもやりがいがありました。特に、自分たちが意義があると信じるプロジェクトに邁進するときなどは、心は熱意で満たされます。そのときも、私の部署はあるプロジェクトによって、不眠の日々が続いていました。財務省に入ってはじめての大きなプロジェクトに、私も夢中になっていたのです。

しかし、徹夜明けのある朝、私は、朝刊の一面に躍る見出しに愕然としました。政権交代が起きたのです。そして、その政権交代によって、私たちが力を入れていたプロジェクトは、その年の法案審議の対象から除かれたのです。

私も、私と同じ部署の他の係員も、みんな悔《くや》し泣きです。政権交代を淡々と受け入れて、速やかに方向転換して、残務処理を指示する上司は、裏切り者にも思え、素直に従うことができませんでした。

そのときに、上司は、私だけを個室に呼んで叱《しか》りました。

「全体の状況をきちんと把握しておけば、政権交代は予想できたはずだ。そういう俯瞰的な見方をせずに、熱意だけで突っ走るのは、キャリア官僚として失格だ」というのです。

確かに、上司は政権交代を予想し、プロジェクトの終わりのほうでは、ある程度、撤収の見込みをつけていたようです。しかし、私としては、彼の部下の中で私だけが叱られたことが不満でした。私の不服を見透かしたように、上司はこう付け加えました。

「君たちは幹部候補生として財務省に入っているんだ。自覚と自負を持て」

そう、財務省の場合、国家公務員I種試験の合格者は、キャリア官僚、つまり、幹部候補生として入省します。

だからこそ、将来の幹部としての資質を欠く場合には、徹底的に指摘を受けるのです。先ほどの上司の叱責も、実は私に対する貴重な助言でした。

そして、この財務省で、将来の幹部となるために必要なものは、鋭い論理力や柔軟な発想力よりも、むしろ、全体を見渡す力、つまり、俯瞰力であることを、私は学びました。

俯瞰力は、キャリアが浅くても養成できる

官庁のみならず、会社においても、将来その会社を背負って立つ人材になるために、俯瞰力が必要不可欠な要素であることは変わりありません。しかし、会社の場合には、幹部としての資質を欠くことをいちいち指摘されることはないかもしれません。この人は俯瞰力を持てないんだ、そう評価されて、黙って幹部候補生としてのコースから外されてしまうことだってあり得ます。

私はこんなに仕事に熱意を捧げている、僕はお客様に対して最大級の誠意を持って応えている、しかし、中間管理職までの昇進は順調だったのに、それから先

がどうしても伸び悩む――そういう悩みがあるならば、その理由は、実は、俯瞰力にあるかもしれません。そして、俯瞰力という能力に気づく機会さえあれば、持ち前の「熱意」や「誠意」を正しい方向に発揮して、ひとつ上の段階に飛躍することができるでしょう。

俯瞰力は、上に立つ者に不可欠な能力だと言いました。

しかし、それは、上に立ってはじめて身につく能力という意味ではありません。上に立つ前からコツコツ伸ばすことができるものです。

「キャリアが浅いと自分の役割が見えづらい」と言いました。しかし、それは「見なくていい」ということではないのです。むしろ、ここで見るか、見ないかで大きな差がつくといえます。

チームの末端にいて、作業的なことをひたすら「やらされている」ような状態にあっても、いえ、だからこそ、その作業がいかなる意味を持つかを考える姿勢を欠いてはいけません。

自分のしていること、隣席の同僚がしていること、チームを束ねるリーダーがしていること――それぞれの内容をできる限り把握しようと務めることで、自分がどう動くべきかが見えてきます。そうすれば、次にやるべきことも見えてくるでしょう。

周囲を見る力と、先を見る力。この二つを伸ばせば伸ばすほど、俯瞰する力も大きくなっていきます。

この習慣は、感情のコントロールをしやすくする、という効果もあります。周囲の中での自分の役割が見えていることは、自分に任された仕事の「チームの中での優先順位」を認識できているということです。

ここを押さえておけば、「理不尽」に対する耐性が高まります。

別の同僚の提案が採用されたり、精魂傾けた仕事が無駄になったりという場面。「こんなに一生懸命やったのに！」と怒る気持ちはもちろん当然です。しかし、それと同時に「なぜそうなったのか」を考え、全体を見据えて納得する姿勢が生まれると、見え方が全く違ってきます。周囲の環境のせいにしすぎない、だからといって自分だけのせいにして自分を責めすぎない。ポジティブとネガティブのバランスをとって公平に判断できること、それが結果的に周囲の信頼を得ることにつながります。

POINT

全体を見ることができる人は、感情に振り回されない。

「気配り」の必要性と危険性

「女性トップ」が少ない意外な理由

周囲をきちんと見ながら仕事をする、というと「気配り」を連想される方もいるでしょう。

しかし、気配りというのも、熱意や誠意と同じ。俯瞰力なくして、効果的な気配りはできません。

以前、講演カンファレンス「TED《テド》」のスピーチで非常に興味深い意見を聞きました。

演者はスーザン・コラントゥオーノ氏。リーディング・ウイメンという組織の

CEOを務める女性です。

彼女によると、アメリカでは専門職や中間管理職に占める女性の割合は50％に上っているとのこと。それにもかかわらず、組織の最高幹部や経営層に名を連ねる女性は、その3分の1にも満たないのだそう。

その原因を、彼女は、女性には語られない、有能な人材となるための、三つめの要素として語ります。

コラントゥオーノ氏によれば、女性は、「自らの能力を磨く」「他人の能力を引き出す」という、有能な人材として必要な二つの要素については、自覚的であり、優れているそうです。

しかし、この二つの要素だけで通用するのは中間管理職まで。そこから上にステップアップするためには、三つめの要素が必要不可欠となる。その三つめの要素とは、「ビジネス、戦略、財務における見識」。つまり、トップとなって組織を導くには、自分や周囲の人間との関係性のみならず、その業界全体の動向やその中での会社の戦略性など、まさに、俯瞰力なのです。

優秀な男性社員は、若いうちから、この三つめの要素について、意識的に教育される傾向がある。それに対して、女性の場合には、いくら有能であっても、メンターから、この三つめの要素を教えてもらっていないことが多い。そうコラントゥオーノ氏は説き明かします。

社内の人間関係をよくし、顧客のニーズを汲《く》みとるといった「気配り」の要素は、もちろん重要です。しかし、社員ではなくて、会社全体をマネージメントするためには、社内の人間関係のみならず、会社全体がどこに向かっているかという戦略的な思考、すなわち、「俯瞰力」が必要になります。

「気配り」を期待される女性は要注意

コラントゥオーノ氏は続けます。同じメンターが、女性には「自信を持つこと」、つまり個人の能力に関するアドバイスを、男性には「ビジネスを学ぶこと」つまり、戦略性に関するアドバイスを与えていたと。意図的であれ、無意識であれ、性別によって異なる教育が施されがちです。教育する側にも男女の役割分担という意識が残っているのでしょう。

私が、さまざまな企業の方とお話しする際に、若干の違和感を抱くのは、この点です。

「我が社は、女性の登用に対して、非常に積極的です」と自信たっぷりに語る経営者や人事担当の方。同じ女性としては、嬉《うれ》しい限りです。

しかし、この話には、必ず続きがあるのです。

「我が社において登用した女性は、女性ならではの気配りを発揮し、活躍してくれています」。必ずといってよいほど続くこの言葉に、私は違和感を覚えてしまうのです。

「女性＝気配り」という美しい連想を全否定する気は毛頭ありません。しかし、私のようにがさつな人間は、「女性らしい細やかな気配り」ができるという期待に応えられそうにありません。

そして、かなり穿《うが》った見方をすると、「彼女には、気配り以上のものは期待していない」とも取れます。

人事権のある層は、経営陣に加える人材に「戦略性」を何よりも強く求めているとのことです。つまり、気配り以上を期待されていない女性は、はなからトップに立つ人材とは考えられていないのではないかと思えてくるのです。

コラントゥオーノ氏が、公開討論会で、男性CEOに質問したところ、「ビジネス、戦略、財務に関する広い見識は有能な人材となるために必要不可欠な条件」だという意見に、全員が「それは当然」と答えたとのこと。ところが、そのやりとりを聞いていた150人の女性たちのうち、広い見識を有能な人材の必要条件として意識していたのは、わずか3人だったとか。

この意識のズレには、かなり根深いものを感じます。

女性の活用と銘打ってはいるものの、実際には、男性のキャリアを邪魔しない程度に分業する女性像が望まれているのではないか。そう思うと、ウーマノミクスの風潮にも、若干の欺瞞《ぎまん》を感じてしまいます。

もしあなたが、「周囲を見る」というキーワードから、即座に、「気配り」を連想してしまうとしたら――それ自体が非常に美しい発想であることは、全く否定しません。しかし、特に女性の場合には、「盲点」になりがちな要素をあえて意識することが、ひとつのポイントになりそうです。そして、それこそが、戦略的な思考という、「俯瞰力」なのです。

POINT

俯瞰力は、「気配り」だけでなく、さらに広い視野を必要とする。

「仕事に役立つ俯瞰力」の身につけ方とは

「勉強法」との共通点

ここでいったん、これまで述べてきた俯瞰力のイメージをまとめてみましょう。

- 周囲の思いや動きを分析する力
- バランスを考えつつ物事を動かすマネージメント力
- 感情に流されず冷静さを維持する力
- 視野を広げ、戦略的に考える力

これらを一言でまとめると、「全体を読む力」と言い表せると思います。

ここまで考えて私は、自分が行ってきた勉強法と相通じるものがあることに気づきました。

私は、昔から、新たな知識を得るときには「7回読み」という手法を取っています。

覚えるべきテキストを、「サラサラと7回流し読みする」方法です。

単純ですが、この方法なら、必ず知識が頭に入ります。

1回めでは漠然としていた情報が、2回、3回と流し読みを繰り返すうちにだんだん頭に入ってくる。7回繰り返せば、細部までしっかり覚えられる。難しい本でも、10回、20回と繰り返し読めば、最後は必ず理解できてしまうのです。

この勉強法は、まず、1回めにさらっと全部を読んで、「全体を頭に入れる」という意味で俯瞰力と共通性を持っています。

違いは、対象が一冊のテキストであるか、それ以上の広がりを持った社会であるかということ。勉強に比べると、膨大な範囲です。

しかし、「何度も全体をサラサラと見る」姿勢を持っていれば、いずれ読み解けるときがくることは確か。一点に集中するのではなく、日々繰り返し、広く周囲を視野に入れることが、俯瞰力を発揮する上で大切な基本姿勢と言えるでしょう。

「勉強法」と「俯瞰力」の分かれ道とは？

仕事で必要な俯瞰力は、勉強と違って、見るべき範囲が非常に広い。だとすると、俯瞰力を使いこなすまでに「時間がかかる」のはやむを得ません。身につけるまでに、何段階かのプロセスが必要になります。

このうち、最初の段階は、勉強と似ています。

私は、学生時代、「なぜ勉強するのか」を考えませんでした。この深遠《しんえん》な問いに対して、いつかは向き合う必要があるのでしょう。けれども、机に向かって必死に勉強してもいないうちから、「なぜ勉強をするのか」を考えるなんて、頭でっかちすぎると思いませんか。

実際、勉強の意味を納得できるまで勉強しないなんて御託《ごたく》を並べてる暇に、ドリル1冊終わらせられちゃうものです。

この私の勉強に対する姿勢（意味を考えるな、とにかく勉強せよ）は、仕事への姿勢でもありました。というより、幸か不幸か、そうせざるを得なかったのです。財務省は非常に厳しい職場。そういう環境で、1年生が、必死に仕事についていくためには、頭よりも体を動かすしかありませんでした。

実際に、財務省という職場は、「職人気質」です。「なぜこの仕事をするのか」「この仕事にどんな意味があるのか」。何でもかんでも、いちいち質問し続け、それに対して、上司が懇切《こんせつ》丁寧に答えるなんて、財務省の流儀ではない。正直、そんな時間もない。

「まずできるようになれ、そうしてはじめて考えろ」――これが鉄則でした。

昨今の新人教育の方針に反する、一見理不尽な教えのようにも思います。実際に、1年生のときには、上司が怖くて仕方がありませんでした。しかし、それはそれで合理的な方法だったと、今振り返って思います。国家の政策、政治家との関係性、膨大な仕事、これらのすべてを座学で理解するのはまず無理。理解しなければ、新人としての仕事を始められないとしたら、10年以上を研修に費やすことになりかねません。

まずはその世界を体験する。これが、実は、一番の近道なのです。

ここにはもうひとつ、重要なポイントがあります。「やる」だけではダメで、仕事に慣れるにしたがって「考える」ことも必要となってくる、ということです。

ここが、学生時代の勉強と社会人の仕事との違いです。

この仕事の意味は何か、なぜ上司はこのタイミングでこの仕事を頼んできたのか、次に依頼されるのはどんな仕事か。

手を動かすことに慣れたら、頭を働かせる必要が出てきます。

そして、このプロジェクトの目標、自分たちのチームの達成すべき役割、この部署の今年の課題、そして会社全体の戦略へと、自らの思考の範囲を少しずつ広げていかなくてはなりません。

キャリアを重ね、自分の地位が上がってくるにしたがって、自ら手を動かすよりも、誰かに頼む仕事が増えてきます。そして、それに比例して、実践力よりも思考力が重要になってくるのです。

初期段階では、「まず手を動かす」。

少し慣れたら、「手を動かしながら、頭を働かせる」。

さらに習熟すれば、頭を働かせる範囲をどんどん広げて「全体を見る」。

俯瞰力は、このような三段階を経て成長させていくものと言えるでしょう。

POINT

まず実践、その後に考える、という方法で俯瞰力を育てよう。

俯瞰力の欠如は「個人攻撃」の文化を生み出す

「犯人探し」は問題解決につながらない

　ここで少し視点を変えて、個々人の俯瞰力から、集団の俯瞰力について考えてみましょう。俯瞰力がない組織においては、問題が生じたときに、その対処を大きく誤ることがあります。

　例えばですが、労働時間が長すぎ、特に休日出勤が多いことについて、労働基準監督署からの指摘を受けている企業があるとします。いわゆるブラック企業というやつですね。さすがのブラック企業でも、お上からこう言われてしまえば、直《ただ》ちに改善して報告しなければなりません。

ところがです。ここで、その会社が、「休日出勤はどんな理由があっても禁止する」として、以後、休日に出勤した社員について、全員を懲戒《ちょうかい》処分にしてしまったのです。で、この会社の本質的な問題って、この強硬な方策で解決されるんでしょうか。(驚くかもしれませんが、これは実際にあった事例です!)

もちろん、答えはNOです。

社員は、なにも仕事がないのに好き好んで休日に出勤してきたわけじゃありません。この会社の場合には、ノルマが明らかに過多でした。平日どんなに頑張ったって、およそ終えられないノルマがあって、みんな泣く泣く休日返上で働いていたのです。それならば、ノルマを減らすか、人を増やすしかありません。

社員個人を懲戒したって、問題は何も解決しませんでした。社員全員が残らず懲戒され、揃ってやる気をなくしただけです。

違う例をあげましょう。ある会社で、持出厳禁の重要な契約書をコピーさせてもらったとき、膨大な資料の中に一部原本が紛《まぎ》れ込んでしまったのです。帰って資料をチェックをしていたとき、朱い印影を発見して、担当者が真っ青になりました。白黒コピーのはずなのに、印影が朱いということは、持出厳禁と何度も念押しされた原本を持ち帰ってしまったことに他ならないからです。

これは、この末端の担当者の不注意で終わらせていいのでしょうか。現場にはどれだけの人数を配置していたか、確認作業はどのように進めたのかといった話を、担当者の上司が詳しく聞いていったところ、次のような事実が浮かんできました。

二人一組で作業をして、一人がコピーをし、一人が確認するのが原則だったのに、その日に限ってコピーと確認を一人でしていたとのことでした。緊急に入った仕事で人繰りもつかず、時間がないのに、コピーしなければいけない資料が膨大だったからです。

最終的に法律上の確認が必要な書類はわずかでした。ただ、末端の担当者には、コピーの要否を区別できなかったのです。この場合、責任者が現場に同行して、コピーする資料をあらかじめ限定すれば、作業が減り、ミスは防げたでしょう。

問題が発生するときは、その問題を引き起こした個人だけでなく、その背後の事情を見極めることが不可欠。より俯瞰的な分析力が必要なのです。

社会全体に見られる「責める文化」

しかし、残念ながら、現代社会においては、「犯人探し」的なものの見方が大いに幅を利かせています。

2014年、東京都議会で発言中の女性議員に向けて、複数の男性議員から野《や》次《じ》が飛んだという事件が世間を賑《にぎ》わせました。

この件は、日本社会に根づく「女の役割」論にメスを入れるための、貴重な機会だったかもしれないと、私は思うのです。

女性の晩婚化について問題提起しようとしても、未婚で子供も産んでない女が何を言うかと野次られる。そういう考えの男の人が、よりによって、議員という指導的な立場に複数いること——それだけで、問題提起としては十分だったのではないでしょうか。

しかし、実際に追及されたのは全く別のことでした。

都議会も、それを報道するマスメディアも、犯人探しに終始したのです。

誰が言ったのか、一人か複数か、どのセリフをどの人物が言ったのか。世間の興味も、ひたすらその点に注がれました。

結局、名乗り出た「犯人」の一人が謝罪して、何となく一件落着してしまった感があります。社会構造には、メスが入れられないまま。

野次を飛ばした男性議員の実名、野次を飛ばされた女性の背景——そうした個人的な事情を、必要以上に書き立て、煽《あお》り立てる。その中で、社会構造全体の問題が、不当に矮小化《わいしょうか》されてしまう傾向を感じます。

2014年の終わりにメディアを賑わせた、韓国の財閥令嬢の横暴。財閥令嬢が、自社の航空機内で従業員の対応に憤《いきどお》り、その従業員を機内から降ろすために、その機体を搭乗ゲートに引き返させたという事件でした。

航空保安法違反などを理由として、財閥令嬢を刑事訴追する動きは、財閥にまで切り込む韓国検察の力強い姿勢を見せているようで、その実、問い自体がすり替えられてしまっているのではないかと思うのです。

つまり、当初は、ＧＤＰの多くを財閥に依存するいびつな経済構造という韓国社会全体に対する問いかけだったのが、令嬢が航空保安法に違反したのではないかという問いかけに、縮小されてしまったのではないかと。

このように、社会全体に対する俯瞰力というのは、それが失われつつある現在だからこそ、より大切になってくる視点のように思います。

POINT

俯瞰力を欠いた組織や社会では、「誰かを責める」風潮が生まれる。

「責める文化」から抜け出すには

バッシング社会を生み出す原因

組織や社会がいったん犯人探しや個人攻撃に走り出すと、その方向性はどんどん加速していくものです。

「誰かひとりがつるし上げられる」状況を目のあたりにして、人は心のどこかで安心感を覚えます。「誰かを責めている間は、自分は責められない」からです。するとと次には、自ら積極的に攻撃をするようになります。さらには、自分にお鉢《はち》が回ってこないよう、次なる「生け贄《いにえ》」を探しはじめるでしょう。

こうして入れ替わり立ち替わり誰かが槍玉《やりだま》にあがり、バッシングを受け、それがネットやテレビで繰り返し話題になる。そんな風潮の裏側には、「自分がそうなりたくない」という、大多数の人々の不安があるのではないでしょうか。

安全地帯にいたい気持ちは、「大多数の側にいたい」という心理でもあります。少し形を変えたバッシングとして、「人を貶《おとし》めて溜飲《りゅういん》を下げる」という風潮も諸所で見受けられます。

たとえば、「昔美しかった女優さんの容貌が衰えた」という話題——若かったころの画像と現在の画像を並べて、「劣化した」と騒ぎ立てる人々の中にも、やはり一種の安心感があります。

集団に安住したい人は、際立った個性や突出を嫌うものです。「飛び抜けて美しい人」は、そういう意味で、無意識の敵意の対象でしょう。その人が昔ほど美しくなくなったとき、集団は貶めて溜飲を下げるのです。

このように考えると、今の日本社会では「同調圧力」がかなりのレベルになっています。一定の枠からはみ出さない同質のものをみんなが求める中、その枠をはみ出そうとする人への羨望《せんぼう》は、やがて敵意に転じます。

経済成長が頭打ちとなり、新たに開拓していく分野が少なくなっていることもその傾向を加速させていると言えるでしょう。そうした社会では、個々人の視点が「自分の成長」という方向に向かず、狭い集団の中で小さな優劣を競うことに向かいがちです。

結果、視野がどんどん狭くなっていくように思います。

自分のアタマで考える姿勢を持とう

「表現の自由」がなぜ大切かという問いかけに対する答えとして、イェール大学のウッドワード教授は、“Think the unthinkable, discuss the unmentionable, and challenge the unchallengeable.”と言いました。「思いもよらなかったことを考え、口に出すことが憚《はばか》られることを論じ、議論の余地がないと言われてきたことに挑戦する」。コペルニクスやガリレオ・ガリレイが、かつて新たな視点を生み出したように、そういう「当然」を疑い、「権威」に挑戦する姿勢が、常に、学問の世界におけるイノベーションを生み出してきたというわけです。

私は、ウッドワード教授のこの言葉が、とても好きです。

同調圧力が高まり、集団から少しでも外れた個人を許さない風潮が強くなりつつある現在、俯瞰力というバランスのある視点を、意識的に持っていることが、何よりも大切なのではないかと思うのです。

では、俯瞰力を持つためには、何が必要なのでしょうか。

それは、非常に難しいことではありますが、自分自身のバイアスを認識すると同時に、自分以外の誰かの立場から世界がどのように見えるかを想像し続けることだと思います。

- 多数であることだけを理由として、誰かの意見に従ったりしない。
- あふれる情報の中で、自分の立場に添うものだけを拾おうとしない。
- 自分自身すら常に疑う。
- 自分と違う意見に出合ったら、相手になりきって考えてみる。
- 人の意見に対して、その人の背景を知って、どういう立場からその意見が述べられているのかを考える。

――こういう意識的なトレーニングによって、俯瞰力を鍛えることができます。

自分自身のバイアスを知る、自分以外の誰かの立場を想像する、これはとても難しいことですが、少なくとも、そう試みる。これこそが「自分の頭で考える」ということでもあると思うのです。

POINT

攻撃的な社会に巻き込まれる前に、まず自分が変わろう。

俯瞰力を鍛える二つの道

仕事人として、個人として成長する

俯瞰力とは何か、その意義は何かについて、ここまで語ってきました。

それをまとめると、次の二つに集約できると思います。

・俯瞰力を持てば、仕事人として飛躍できる。

・俯瞰力を持てば、無用な攻撃や争い事を超えた次元に立てる。

つまり、俯瞰力というのは、「仕事人としての自分」「個人としての自分」を、両面から、別の次元に成長させるための大きな鍵だと思うのです。

このうち、さしあたり必要なのは、日々多くの時間を過ごす「仕事」の場面で使える俯瞰力を育てることでしょう。
これは一朝一夕に身につくものではありません。そういう私自身、ちょっと恥ずかしくなるくらいの発展途上段階。「こうありたい」と考えていることを述べてはいますが、実践できていないことも多々あります。
それでも、日々トライし続ける。それが、明日の、そして遥か遠くの自分自身を変えることにつながると思います。
57ページでお話ししたように、
• まず手を動かす
• その後、手を動かしながら、頭を働かせる
• 成長の度合いに従って、頭を働かせる割合を増やしていく
という方法を通して、徐々に自分の頭を働かせ、視野を広げていく。遠回りなようで、この方法が、実は、一番の近道ではないかと思います。
第2章では、私自身の体験を語ることによって、この方法についてより詳しくお話ししましょう。

俯瞰したものを「表現する」力をつけよう

第3章以降の流れについても、ご説明しておきましょう。ここでは、第2章の方法を通して得たものをさらに進化・深化させるためのヒントをお話しします。

俯瞰力を得ると仕事で大きく飛躍できると言いましたが、「俯瞰的にものを見られる」だけでは、実は十分ではありません。それは俯瞰的に見てインプットした知識に過ぎないからです。最初にお話ししたとおり、仕事の場では「アウトプット力」がものを言います。

俯瞰的に見た上で得た知識や見解を、意見や行動や振る舞いに移していくことで、はじめてパフォーマンスにつながるのです。

このトータルな能力を磨いていくには、やはり何段階かのプロセスが必要となります。

それが第3章から第5章までの、三つのステップです。すなわち……、

ステップ1＝自分を正しく認識する
自分が現在どういうものの見方をしているか把握し、思い込みやバイアスを取り除き、自分のスタンスを確立する
ステップ2＝人から見た自分を想像する
周囲の感じ方や立場を推測し、自分がどう見えているかを考える
ステップ3＝全体の構造を確認する
自分のスタンスを持ちつつ、組織の中で上手にそれを表現するスキルを磨く

キャリアアップに役立つノウハウでありつつ、非常にパーソナルなプロセスであることに気づかれたでしょうか。

そう、俯瞰力は、究極的には個人の成長を促すものです。ものの見方が変わると、日々の生活でのあらゆる出来事の感じ方が変わります。性急な判断や、極端

な喜怒哀楽に振り回されることなく、冷静に、それでいて寛容に、物事に接することができるようになるでしょう。

それは、一部の「デキる人」や「賢い人」だけが持つ能力ではありません。

自分の頭で考え、ブレない姿勢を持ちつつ的確に身を処する知恵は、誰もが持つことができるものなのです。

POINT

俯瞰で見えたものをアウトプットしてはじめて、俯瞰力は意味を持つ。

第2章

私の社会人ストーリー
～「やる人」から「考える人」へ

理不尽の中に、成長のチャンスがある

財務省で飛び交った「不完全命令」

現在、私が「俯瞰力」と名づけているもの――その必要性を意識したのは、社会人となってすぐのことでした。

財務省の主税局に配属された私が仰《おお》せつかった最初の仕事は、資料のコピーでした。

「これコピーして、主計局の調査課へ届けて」とのこと。そう言われても、新人の私としてはこう聞き返さざるを得ません。

「何部《なん》ですか？」

私の上司は、唇の端を若干つりあげて「適宜」という冷たい返事です。これ以上、何も聞くべきではないことは、いくらお気楽な新人の私にも分かります。

そこで、私は、ここでいう「適宜」とはいったい何部を指すのかについて、「何とか自分の頭で考えるしかない……」と思いつつ、その場を退散しました。

後日、この私に対する命令は、新人への配慮にあふれたものであったことを思い知らされます。部数どころか、コピーの対象も、それをどこへ持っていくのかも、一切伝えられない、「あれ、持ってって」という依頼を、たびたび受けるようになったからです。

こういう依頼に対して、こちらからの質問は不可。これは当初の失敗から学んだことです。

それ以降、私は、私に対するそれらの指令を、「不完全命令」と名づけました。5W1H、つまり「Who（誰が）、What（何を）、When（いつ）、Where（どこで）、Why（なぜ）、How（どのように）」という、基本的な要素の、少なくともひとつ、または、複数が欠けた命令という趣旨です。

そして、この不完全要素を、何とか自分自身の力で埋めようと、努めるようになりました。たとえば、「あれ、持ってって」という命令には、「何を」「どこに」持っていくかという情報が欠けています。したがって、この欠けた部分を自分で補わない限り、命令を実行することができません。

そこで、この欠けた部分を埋めるために、私が利用したのが「俯瞰力」です。

つまり、上司が今どういう仕事をしているのか、その仕事はどこの部署の誰に関係するものなのか、上司の一日のスケジュールはどうなっているのか、こういう全体の状況を、常に把握するように努める。そこから、この後にこの資料が必要になるはずと推測する。この資料はこの部署に持っていくはずと推測する。この部署の関係者は3人いるから、3部必要と結論を出す。さらに、その部署に偶然打ち合わせに立ち寄っている人の分を見込んで、5部を持っていけば、まずはだいじょうぶと念を入れる。全体の情報を把握しておけば、不完全命令にも、何とか対応できるのです。

情報をとりにいくと、全体が見えてくる

ここで大切なのは、やはり全体観です。「あれ、持ってって」という指示だけに着目して、前後の文脈を意識することがなければ、「あれ」が何だか、「持ってって」がどこへだか、全く分からないという状況になるのは当然です。

全体感を得るために、具体的に最も役に立ったツールは「電話」でした。

上司が電話で話しているとき、大部屋の中で、私たちはその電話に耳を澄ませます。相手の声が聞こえないのはもちろんですが、断片的な情報であっても、注意深く聞けば、誰と何を話しているのか概《おおむ》ねの見当はつくものです。

これは、私が財務省の先輩から習ったこと。「山口、電話の内容で相手が誰かを判断するようでは遅いんだ。電話がかかってきた時点で、そのタイミングから、相手が誰かを判断できるようにならないと」なんてうそぶく先輩も、中にはいるくらいです。

電話のタイミングにより相手を判断するという離れ業《わざ》を、私は最後まで習得することができませんでした。

だからこそ、できるだけ自分で電話をとるようにしました。直通電話を持っているのは課の偉い人だけ。係長にかかってくる電話でも、私にかかってくる電話でも、私の手の届くところにある電話機が鳴ります。電話を自分で取ってから係長に取り次げば、かけてきた相手が誰だか確実に分かるでしょう。また、直通で上司の席にかかってくる電話であっても、上司が不在ならば、私たちの席に転送されてきます。席に戻った上司が、私の電話メモを見て電話をかければ、その場合でも、相手が誰だか確実に把握できます。そうすると、不完全情報からの推測作業の一部を確実に省略できてしまうのです。

電話が鳴れば即座に取る。ワンコールどころかゼロコールで。脊髄《せきずい》反射に近い速さで反応する習慣は、今でも体に染みついています。「電話をとるのが速い！」と驚かれることは、今でもしばしば。いかにあのころ必死だったかが知れようというものです。

不完全情報の職場で必死に生き抜くことに終始するうちに、「情報をとりにいく」こと全体に、とても貪欲《どんよく》になりました。

「これ、コピーして」と言われたら、コピーをとりながら資料の内容をチェック。「これ、持ってって」と言われたら、資料を手渡すときに届け先のヒソヒソ話をチェック。そうすれば、異なる部署の上司が、現在進行形でどういう議論をしているのかという、貴重な情報を入手することができます。情報の偏《かたよ》りがないように、情報源は複数から。

今思えば涙ぐましい努力です。しかし、「俯瞰力を鍛えよう」なんて崇高《すうこう》な目的は、その当時、一切持っていませんでした。とにかく、新人の私としては、くらいつくのに必死。そして、そのくらいつく姿勢が、振り返れば、全体観を得るための、そして俯瞰力を鍛えるための第一歩だったと思うのです。

POINT

推測力を働かせるには、自分で情報をとりにいくしかない。

社会は、一人ひとりの面倒は見てくれない

「組織の論理」を分かっていますか？

“Ask not what your country can do for you——ask what you can do for your country.”「国があなたのために何をしてくれるのかではなく、あなたが国のために何をできるかを考えよう」という、ケネディ大統領のスピーチがとても好きです。

社会人1年めで私が経験したのは、温かさを感じつつも、非常に厳しい職場でした。

政治や上層部の状況によって、昨日の仕事が無意味になってしまうこともあ

る。そして、その理由について、いちいち詳細な説明がなされない。これを組織の理不尽と割り切ることはいとも簡単。しかし、国家の政策に、政治家との折衝《せっしょう》に、持てる体力の限界まで骨身を削って、日々働いている上司に対して、新人に対する説明が雑であると憤ることが、果たして生産的でしょうか。

情報が与えられるのを口を開けて待っているのではなく、自分から情報をとりにいく。組織が自分のために何をしてくれるかではなく、自分が組織のために何をできるかを考える。そういうことを考えさせられた職場でした。

「最近、採用活動で、この会社の教育システムはどうなっているのですかと聞かれることが多くて辟易《へきえき》する」という言葉を、上司から聞いた覚えがあります。

私たちの場合には、財務省に内定を受けた際に、「秘書課」と書くべき人事担当部署の名称を、誤って「秘書科」と書いただけで、「ここは秘書養成プログラムを提供してくれる学校ではございません」と冷たい反応を受けたものでした。

もちろん、新人に対して、丁寧な研修や指導が行き届いているほうが望ましいのでしょう。しかし、物事には優先順位があります。生徒が授業料を支払っている学校では、第一義的な目的は、生徒に必要な教育を施すことかもしれません。しかし、顧客から支払いを受けて、新人を含む社員に給料を支払っている会社においては、第一義的な目的が新人教育とならないのは、これはどう考えても、やむを得ないことだと思います。

「一流の企業人となるという気概を持って仕事に臨んでいる若手に対してなら、いくらでも助言をし、教育を施し、その力を最大限伸ばしていくことはする。しかし、何の気概もなく、ただ漫然と仕事に臨む若手に対して手とり足とり教育をするという、幼稚園の先生のようなことはしない」と、弁護士の新人研修の際にも言われました。これも、同じことだと思います。

このように書いたものの、正直、社会人の厳しさを一切知らなかった私自身が、社会人1年めにそんな悟りを開いたわけでは、もちろんありません。「もっと優しくしてくれてもいいのに」くらいの不満を、顔中で表現したことも一度や二度ではなく……それでも、私たち新人を安易に甘やかさなかった職場に対して、今ではとても感謝しています。

組織に対して、学校と同程度の教育を期待し続ける新人社員。そして、長期的視野に立てば、彼らのためにならないとの懸念を無視して、そういう新人社員を安易に甘やかし続ける組織。こういう状況こそ、憂慮すべきだと思うからです。

「おっちゃんこ社員」にならないために

「まあ、あなたはどれだけ偉いの？　お姫様なの？　ほんとにそのままおっちゃんこ（おすわり）して待ってるんだから」

幼いころ、あきれ顔の母によく注意された言葉です。

「ごはんよ」と呼ばれて、食卓の前に座って黙って待っている私と妹に、「ごはんもよそわず、おかずも運ばず、食事が目の前に届けられるまで、座って待ってるつもり？」と問うのです。自分で盛り付け、自分で運ぶという発想はないのかと。

もしかしたら、「おっちゃんこ社員」というのも、同じことなのかもしれません。

そこから一歩抜け出すためには、やはり体と頭を動かすしかありません。新人時代は、何をすればいいのか、どこから何を学ぶべきなのか、皆目見当《かいもく》がつかないものです。そんなときは、目の前で起こっている出来事をすべて「情報」だと考えましょう。

意味の分からない用語が聞こえてきたら、それを調べてまず一歩前進。よく登場する人名があれば、どういう人物かを調べてまた一歩前進。こうして少しずつ前へ進んでいけばいいのです。

多くの人と積極的に会話することも大事です。このときに重要なことは、情報に対して一定の距離感を保つこと。他者との会話においては、公式には得られない守秘性の高い情報が得られる一方で、往々にして、その人の立場による一定の偏りやバイアスがあるからです。

だからこそ、誰の、どのような立場での発言であるかについて、客観的であるために「俯瞰力」の視点が欠かせません。

鵜呑《うの》みにしたり、振り回されたりというのは、受動的な姿勢によって生み出されるのではないでしょうか。情報をコントロールする側に回るとまではいかなくても、積極的な態度を維持することがポイントになります。

情報とは、「自分が全体像を描き出すための素材」なのですから。

POINT

情報を自分で集め、それらを総合して全体像を描こう。

組織のニーズに適う人材になるために

新人は、組織の中では「コスト」でしかない

社会に出て強烈な洗礼を浴びて散々苦労したわりには、その後も、私にはどこか楽天的な気持ちが残っていたようです。

弁護士として再出発し、法律事務所に入ったばかりのころ、私はひとつの、大いなる勘違いをしていました。新人であるにもかかわらず、「自分は組織の役に立っている」と、思い込んでいたのです。やや語弊をおそれずに言えば、頼まれた仕事については、「やってあげている」くらいの気持ちでした。

私の大いなる誤解が明らかになったのは、先輩に言われた一言がきっかけでし

た。

弁護士1年めのある日のこと、私が与《あずか》り知らない契約書が、お客様宛に送られていました。そして先輩は、私に対して、こう謝ったのです。

「ごめんね、今日は急いでいたから、この契約書を山口さんに見てもらう時間がなかったの」

これは、いったい、どういうことなのだろう、と私は考えました。

普段ならば、私がチェックして、先輩がチェックしてから、お客様に送付するという手はず。それが、急いでいる、つまり、緊急性の高い状況で、私がチェックするというプロセスは、躊躇《ちゅうちょ》なく省略されてしまったのです。

つまり、私によるチェックは、時間がかかるばかりで、あまり実りのないプロセスだということでした。今思えば当然のその結論を、私はそのときはじめて思い知り、とてもショックを受けました。

そのとき、私は気づいたのです。新人の自分はまだチームの役に立つベネフィットではなく、逆に、時間をかけてしまうコストであるということに。

それでもなお、私に仕事をくれるのは、それが私の将来に対する投資だからです。1年め、2年めの新人に経験を積ませ、情報をインプットさせる。少しずつではあるけれど、経験を積めば、コストとしての要素が減り、ベネフィットとしての要素が増えてくるはず。そして、いつか、先輩によるチェックがなくても、自分だけの手で外部に出してもいい契約書を作れる日がくるはずです。

自分がコストであることに気づいたショックは徐々に収まり、自分に対して投資してくれる組織に対する感謝の気持ちがわいてきます。そして、できるだけ早くベネフィット側の人間に回ろう、と意識するようになりました。

そこでとりかかったのは、自分と先輩の差を少しでも縮めることです。今の自分にできていない部分を改善しなくてはと考えました。

当時の私に足りない部分は、あまりにも多かったので、これは遠い道のりです。書類を作成するたびに、先輩によって、ほとんど書き直しに近い量の訂正が入るのですから。誤字脱字はもちろん、細かい言い回しや表現に至るまで、びっしりと赤字が入るのが常でした。修正後と修正前で、意味としては変わらないように見える部分も多々あります。

以前の私なら、「意味は変わらないのになあ。趣味の違いかなあ」くらいで、気にも留めなかったことでしょう。「まあいいか」と適当に納得し、修正を反映して再提出する作業を、機械的にこなすのみでした。

しかし、自分が組織にとってお荷物であると気づいた日から、少なくとも、こういう細かいところは、なるべく先輩の手間をとらせたくないと思うようになりました。そうしてはじめて「この修正は、なぜ入ったのだろう」と、真剣に考えるようになったのです。

上の求める「意図」を意識する

ちょうど同じころ、チームの中に、とても優秀な先輩がいました。

彼女の作成した書類が上司によって修正されることは滅多にありませんでした。それでも、たまに上司によって修正されたときには、いちいち上司の机まで行って、その理由を尋《たず》ねていました。

「私はこういう意図で書いたのですが……」と説明をしながら、上司に対して、修正に関する説明を求める態度に、私はやや驚き、そこまで拘《こだわ》らなくてもいいのではないかと思ったりしました。しかし、その先輩が、「私が作成した書類は、細かい言い回しから表現に至るまで、一言一句を真剣に検討した結果なの。書類を作成するときには、一言一句に責任があるのよ」と言うのを聞いて、仕事に対する自負心を、当時の私は学びました。

弁護士は、言葉を職業にする職種のひとつです。自分の書いたものが、外部に出て、どのような文脈で、どのような切り取られ方をしても、決して誤解が生まれることなく、意味が通るような文章を書かなくてはなりません。

そう考えると、「意味は変わらないのになあ。趣味の違いかなあ」と曖昧《あいまい》に納得していた私は、自分の意識の低さに恥ずかしくなりました。

“God is in the details.”「神は細部に宿る」と言われます。私は、この言い回しが好きではありませんでした。上司が、とても細かいところまで修正するのを見て、全体としておかしくなければいいのにと思っていました。しかし、それは、自分の仕事の細部に責任を持てていない証拠だったのです。

どうして修正されているのか、細かい言い回しに定型句のようなものがあるのか、ニュアンスが違うのか。自分の仕事に細部まで責任を持つようになってはじめて、修正された理由を考えられるようになる。そして、次は、少しだけ修正の少ないものをと思えるようになる。この繰り返しで、少しずつですが、赤字が入ることが少なくなっていったのです。

そして、私は、「俯瞰力」を持つこと、つまり全体を見渡すことは、決して細部を無視してもいいということではないと学んで、社会人として一歩前進したのでした。

POINT

「足りない部分」に意識を向ければ、それだけ有用な人材になれる。

全体の動きの中の、自分の役割とは？

防げるミスは防ぐ

書類に入る修正にはさまざまなものがあります。もっとも、大きく分けると「形式面」と「内容面」の二つと捉えることができるでしょう。

両者のうち、私がまず手をつけたのは形式面の間違いを正すことでした。

形式面の間違いは、学校の試験で言うと「ケアレスミス」のようなもの。理解していないがゆえに起こるミスではなく、不注意で起こるミスです。つまり、内容面である知識のインプットが追いつかなくても、気をつけてさえいれば、必ず防げるミスのはずです。

中でも、一番に取り組んだのが、初歩中の初歩、そして、それにもかかわらず、私の場合にはとても多かった、誤字脱字をなくすことでした。

私の仕事は、平たく言うと「速くて雑」。ざくざくと文章を書き進める反面、注意深さがないため、変換間違いなどが多かったのです。そうはいっても、自分が書いた書類を見直すことは、私も、以前からしていました。ですが、自分が書いた書類の場合には、「こう書いた」という思い込みがあります。さらに「7回読み」をマスターする中で習慣化してしまった斜め読みの癖が災いして、見直しても、見直しても、誤字脱字に気づけない。これが、私の場合の、ケアレスミスの原因でした。

そこで、黙読のみならず、声に出して読む方法を取り入れました。声に出して読むことで、自然とやってしまう斜め読みを防げます。そして、目と耳の両方で確認すると、漏れなく間違いを正すことができるのです。

形式が整っていないものは信用性が低い

と、かっこいいことを並べたものの、「形式なんて気にしなくていい」という意識が、なかなか抜けなかったのも事実。実際には、その後も、形式面における、私の失態は続きました。

ある日、その日の午前中のうちに、急いで確認するようにとの依頼を受けて、契約書の内容を超特急で確認しました。何とか確認を終了して、「はー、終わった」とばかりに約束していたランチに外出した直後、私の携帯電話が鳴りました。

「急いで帰ってこい」

と怒り心頭の先輩の声。

急遽《きゆうきよ》引き返したものの、ランチの約束をドタキャンせざるを得ず、やや仏頂《ぶつちよう》面《づら》の私に、先輩は「この契約書の目次がおかしい」と言うのです。

長い契約書を作成する際には、目次と本文の見出しをリンクさせ、目次の文字をクリックすると該当部分に飛べるようにするのですが、そのリンクが不正確でした。

とはいっても、私には私の言い分があります。

「時間の制約がある中での確認作業において、形式面よりも内容面をまずは優先しました」と、生意気だった私は一歩も引きません。

それに対して、先輩は、

「契約書を開けたお客様が、まず目にするのは表紙と目次。そこに誤りがあれば、それが契約書全体の、ひいてはそれを作成した我々に対する信頼を低下させる。我々には、常に、この組織への信頼を維持する義務がある」と、諄々《じゅんじゅん》と説いて聞かせてくれました。

制約条件の中で、内容を、形式を、何を一番に優先するのかは、そう単純には割り切れない難しい問題です。時間的な制約の中でも、内容面にも、そして形式面にも気を配れる程度の実力を蓄えるべきだと言われれば、反論はできません。

ただそうはいっても、大量の書類やタイトな締切りも仕事にはつきもの。スーパーマンでもなければ、時間内に終わらせるために、何かを犠牲にしなければならないのです。

当初は自分の意見に拘《こだわ》っていましたが、先輩が組織に対する責任を真摯《しんし》に説明してくれたので、少しずつ素直な気持ちを取り戻します。

俯瞰力の観点からは、視点の異なる両方の理を、いずれも正しいものとして認めるのが、まずは第一歩なのではないでしょうか。

そして、それを前提として、今、この場面で、いったい何をどういう順番で優先すべきかということを、考え続けるしかないのです。

自分の担当外のパートの重要性

自分の担当パートが上司に修正される、その原因を考える中で、ひとつ思い当たったことがありました。

自分の担当部分が、どうして修正されるのか、何度考えてもよく分からない。うーん……、これは本当にどうして？　という場合には、自分の担当部分のみならず、他の人の担当部分を読んでみると分かることがあるのです。

私のほかに、何人かのチームで、それぞれ「第1章」「第2章」「第3章」とパート分けして、担当することがあります。はじめは、少しでも修正をなくしたい一心で、自分の担当部分を完璧に近づけることに精一杯。他の人の担当部分なんて、ちらりとも覗《のぞ》く余裕はありませんでした。しかし、そのうち、どうも自分の担当パートだけでは解決しない問題があることに気づきます。

修正をする側の上司は、「第1章」「第2章」「第3章」を通して、すべて読んだ上で修正しています。私の記述箇所に入る修正の中には、誰それのパートと内容が不整合だとか、全体として表現が統一されていないとか、私の担当部分だけでは完結しないものも散見されます。

したがって、できるだけ修正を入れられないようにするという観点からは、自分の担当だけに集中するのでなく、むしろ、他の人が書いた箇所にも関心を持たなくてはならないことに気づきました。

これが、「俯瞰力」という観点からの、ひとつの訓練になったことは確かです。レポート全体を通して読んでみてはじめて、全体として何を目的にしているのか、その中で自分の担当パートには、どのような役割があるのかをつかめるようになったのです。

全体が分かると、そこで自分が何をすべきかがより正確に分かります。全体の流れの中にある自分の立ち位置がつかめるわけです。やれと言われたことを機械的に行うのではなく、周囲を見渡した上で、自分の役割を考え、頭の中で再構築する。書類のミスを直すこと、ミスを予防することに努力を重ねたプロセスは、そうした姿勢を育てるよい訓練になりました。

POINT

「会社の信用性」「全体の中の役割」を意識して仕事をしよう。

上下関係の「取り持ち」を意識する

後輩ができたら、責任が生じる

後輩や部下も、成長のきっかけを作ってくれる有り難い存在です。

弁護士事務所2年め、はじめて弁護士の後輩ができたときは、ただ「嬉しい」と思っただけでした。キャリアの差はわずか1年、スキルもほとんど同レベル。「先輩になった」という実感は、まだまだ薄いものでした。

しかし3年、4年と経《た》つと、見え方が変わってきます。

1年めの後輩に、かつての自分の姿を重ねるようになるのです。

なぜなら、かつて自分がしてきた手痛い失敗を、彼らが目の前で再現するからです。

上司への報告の際、結論を先に述べないまま、ダラダラと話し続ける。「そのような事例はない」と説明するなら、最低二つのデータベースに当たらなくてはならないのに、ひとつのデータベースしか見ていない。

上司の顔色をちらっと窺《うかが》って、私は、はらはらしてきます。「ほら、イライラしてる!」「あー、それじゃ怒られちゃう!」そして、5分後には「あー、やっぱり、怒られた!」と。

3年前の自分の悲しい記憶が、まざまざと蘇《よみがえ》ってくる瞬間です。

その一方で、「未然に防いでもらった」記憶も蘇ってきます。

上司への提出前に、先輩が表現を修正してくださったこと。上司への報告前に、「まず、私に説明してみて」と、先輩に予行演習してもらったこと。こうした先輩のさり気ない思いやりによって、幾多の失敗が未然に防がれたことが、思い出されます。

もちろん、当時は、「親の心、子知らず」で、助けてもらったという認識さえなく、「細かい人だな」などと、罰当たりな感想を抱いたことすらありました。

先輩の側に立ってはじめて、「あー、新人に対して感じるむずがゆさとか、何とかしてあげなきゃって気持ち。これだったんだな、先輩が私に対して感じていたのは」と、先輩の有り難さを実感したのです。

尊敬する先輩からは、先輩への感謝は「pay forward」するようにと言われていました。つまり、先輩から受けたものを、直接、その先輩に返せるものではない。だから、後輩に伝えていくようにとのこと。

決して面倒見が良いわけでもなく、人間として練《ね》れているわけでもない私も、先輩と同じように、後輩にフォローを入れなくてはいけないと思わせる言葉です。

後輩の動きを注視すること。今、彼らが、どんな意図を持って、何をしているのかを把握し、どういう結論を出すであろうか推測すること。後輩の考えや動きに気を配ることからはじめました。

このころから、私の中にそれまでとは質の違う責任感が生まれたように思います。

自分自身の仕事にしか興味がなかったのが、チームの中継ぎ役として、上司と後輩をつなぐ役割に興味を持つようになりました。そうすると、チーム全体の仕事の質に対する興味も、俄然《がぜん》わいてきます。自分の仕事のクオリティを上げるだけでなく、後輩と上司との「取り持ち」をするという役割を意識するようになったのです。

痛い目にあわないと、人は成長しない

とはいえ、注意や指摘を適切に行うのは難しいものです。

周囲を見渡してみると、後輩に対する同僚たちの対応は実にさまざま。私と同じように、みんな試行錯誤しているのだな、と感じさせられました。

同僚の対応は、大きく分けて二つです。

ひとつは後輩がミスしたとき、あるいはしそうなとき、ストレートに指摘し、

ときには叱る。

もうひとつは何も言わずに、黙って自分で直す。

後者は、えてして仕事ができる人に多い対応で、「自分でやったほうが早いから」などと言うのです。しかし、後輩の立場を考えれば、ストレートに叱るほうが親切だと、私は思っています。欠点に気づくチャンスを与えられないと、成長の機会も逃してしまうからです。

財務省時代には、日々、叱責《しっせき》を浴びて育ちました。私に限らず、若手は皆、そうして鍛えられました。もちろん、不満もあるし、恨《うら》みに思うことだってありました。

しかし、叱責を浴びるよりもなお、背筋が震える恐怖があると気づいたのは、弁護士になってからです。

新米弁護士時代、こんな出来事がありました。

ある案件について、先輩に説明を求められました。私の説明はしどろもどろ。「あー、怒られる」と覚悟しました。ずっと目を伏せていた先輩は、たった一言。

「分かりました。あなたが見た原資料をすべて私に送ってちょうだい」

あなたはいらないわ、あとは私が自分でやり直すから――という「戦力外通告」です。

どんな叱責よりも堪《こた》えました。あの瞬間を思い出すと、今でも、胸がずきっと痛むほどです。

成長しようという決心の前に、人は、たいていつらい思いをしています。恥ずかしさや苦しさ、ときに屈辱を感じます。叱責の後に、やり直しをさせることで、その悔しさを次につなげることができるはずです。あえて「叱る先輩」になり、そのきっかけを作るのが、長い目で見れば親切なことではないでしょうか。

POINT

あえて憎まれ役になってでも、後輩の成長に責任を持とう。

ネガティブなやりとりをスムーズにするには

「キツく言えない」性格でも注意できるコツ

後輩にはきちんと注意しよう、と言っておきながら、実は、私は叱るのが苦手です。

それも、相手を傷つけたくないという配慮からというよりも、むしろ、自己防衛的な観点から。

なぜなら、先輩として叱ってしまえば、自分自身も同じミスを絶対にできないからです。「この報告書の文章全体とあなたが書いたパートとの整合性に注意して」と言いながら、私も上司から同じ指摘を受けた日には、恥ずかしさのあまり、消えてなくなってしまいたいと思うでしょう。だから、後輩に注意するからには、自分の能力によっぽど自信があって、自分の仕事に対してよっぽど責任感がなければなりません。

とはいえ、「pay forward」の約束を果たさなければならないので、方法をいろいろ工夫しています。

たとえば、後輩が仕上げてきた仕事の中で、まずいいところを褒める。その流れのまま「ここは気をつけよう」と言い添えると、スムーズに伝わります。「ここが『ダメ』」という言い方ではなく、「ここを変えれば『もっと良くなる』」という言い方もよく使います。この言い回しは「期待している」というニュアンスを込めることができるのがメリットです。「期待」は、相手のモチベーションを喚起できるキーワードなのです。

事務所に入った当初、ある上司から、ことあるごとにダメ出しをされていました。声が高すぎる、服装が弁護士らしくない、などなど。「確かに仰るとおりではありますが、そんなこと言ったら、私と同じようなレベルの人は、他にもいるじゃないですか!」と、飲み会の席で不満を爆発させた私に、上司はこう諭しました。

「君にだけ注意をすること自体が、期待の表れだと思わないか」

私をなだめるためのうそかもしれませんが、私の不満は、驚くほどの速さで、一気に解消！　この出来事以来、期待を表明することは、後輩に対しても大いに「使える」方法だと思ったものです。

さらに、大切なのは、「自分を基準に考えない」ことです。

私の仕事は、総じて「速くて雑」だと言われます。スピードに関しては定評があるのですが、緻密《ちみつ》さに関する評価は決して高いとは言えません。

こうした得意不得意は、そのまま「見方の偏り」につながることがあります。自分と同じ速さで仕上げられない相手に不寛容になったり、逆に、自分より丁寧な仕上がりのものを見れば過剰に甘くなったり。

ですが、この態度は、フェアじゃないでしょう。

評価するときの「ものさし」が、自分であってはいけない。そのためには、自分の能力の偏りについても、俯瞰的な視点を持つ必要があると思います。

「苦手な人」とどう接するか

さらに難しいのが、苦手な人への対応です。

仕事では、どんな相手と接するときも「好きか嫌いか」を切り離して考えなければなりません。私は、苦手な相手と話すときほど、「感情を切り離そう」と努めるようにしています。

――が、努めてはみたものの、失敗したことも多々あります。

相手にこちらの感情が伝わらないようにしようと意識しすぎて、不自然なまでに避けてしまう……。苦手意識を抑えて冷静に注意したつもりでも、相手に私が嫌っていると受け取られてしまう……。

それらの失敗を経て、今、私はひとつの対処法を取っています。

「この人が嫌い」という言葉を、「この人から嫌われても、平気！」という言葉に置き換えるという方法です。

この言い方には、二つの意味があります。

ひとつは、相手を嫌っていることを心の中で素直に認めること。

もうひとつは、それを客観視すること。

嫌いという感情は押し込めると増幅するものです。そして、そんな感情を持つ自分にも嫌悪感が募《つの》り、気持ちがどんどん沈んでしまいます。

そんな泥沼にはまり込んでしまう前に、きっぱり認めてしまいましょう。

その上で、別の視点を自分に提供することが必要なのです。

この言い換えを行うと、驚くほど気持ちがスッキリします。気持ちに余裕が出て、対応が自然になります。苦手でたまらない人がいるという方には、一度ぜひお試しいただきたい方法です。

POINT

自分の中の価値基準や感情と、上手に距離を置こう。

上司になったら気をつけたいこと

ためになった経験、理不尽な経験を吟味して

「部下」「後輩」という立場にある間、私は先輩や上司から、たくさんのことを学びました。その中で、自分が先輩や上司になったら、自分がやってもらって嬉しかったことを後輩にもしよう、つらかったことはしないようにしよう、と考えるようになりました。

さて、ここで注意したいのは「つらかったとき」のこと。

その時点でのみつらかったこと、たとえば、ミスを指摘されたり、叱られたりしたことは、本当の意味でつらいことではありません。成長のきっかけになった

わけですから、むしろ、今では感謝しています。

それらを捨象《しゃしょう》した上で、本当につらかった記憶を思い起こしてみると……。

「立場が下であることだけを理由に、どんどん仕事が回ってきた」ことでしょうか。

私の属していた組織では、一番下の年次の人が書類を作成し、先輩がそれを確認するという不文律がありました。ところが、新人にとって、書類の作成は大変時間のかかる作業。それをいくつもやらされたのでは、正直、体が持ちません。新人のときには、幾晩もの徹夜が続いて、うたた寝にも仕事の夢を見て、ストレスが溜まり、それをかみ砕くように、一日中ずっとガムを噛《か》み続けた時期もあります。

立場が下の場合、頼まれた仕事を断ることは、基本的にはできません。いくつものプロジェクトに入って、幾晩も徹夜している状況にもかかわらず、「何日も前に頼んだのだから、時間は十分にあったじゃない」との叱責を受けて、「このプロジェクトだけをしているわけじゃないのに!」と、涙を呑《の》んだこともしばしばでした。私が3通の書類を作成している間に、そのうちの1通だけを確認した先輩が、早々に自宅に引き上げる。それを見て、後輩という立場は本当につらいと思ったこともあります。

これらの経験から、私は、相手がどういう状況にあるかを常に把握して仕事をお願いしよう、と固く心に誓いました。

後輩や部下が、自分の仕事だけをしているわけではないというのは、当然のことです。しかし、この視点というのは、驚くほど失われがちなので、常に自分に言い聞かせなくてはなりません。

昨日は何時まで仕事をしたのか。今日は何の仕事を抱えているのか。そうした状況に目を配って、必要ならば、「この書類は私が作成するから、確認をお願いします」と言う。全部の書類を後輩が作成して、先輩が確認するとなると、後輩がまわらなくなって、そこで作業が止まってしまう可能性があります。分担を逆にしたほうが、チーム全体としての仕事もスムーズに進むでしょう。

このように、チームの他の人の仕事の状況にも配慮するというのも、「全体を見る」という意味で、「俯瞰力」のひとつの発露だと思います。

「後ろから撃つ」上司になってはならない

振り返ってみると、財務省時代の上司たちは、厳しくも、侵してはいけない「モラル」の一線を守っていました。

財務省には「後ろから撃つ」という言葉があります。

たとえば、課長補佐が起案した書類が、課長決裁、審議官決裁を経て、局長決裁に回るとき。

財務省の局長というのは、驚くほどの迫力があります。課長補佐の起案した書類について、局長のお気に召さず、怒号が飛ぶことも珍しくありません。こういうときには、亀のように甲羅に身をうずめたくもなるでしょう。しかも、局長の仰ることは、確かにごもっともなことが多い。課長補佐が怒られているのを聞きながら、課長が、「うーん、実は僕も、その点は、若干詰めが甘いと思っていたんだよな」なんて思ってしまうのは致し方ないところ。

ただし、自分の決裁を経て、局長に上がっている書類である以上、部下を庇《かば》うのが上司の務め。課長補佐がやり込められていたら、適宜、フォローをし、怒りの矛先《ほこさき》を自分に向かわせるのが、上司の仕事というものです。

そう、「自分の決裁の段階で、部下をどんなに叱り飛ばしてもいい。しかし、一度でも、自分の決裁を通ったものについては、最後まで責任を負う」というのが、財務省の不文律でした。

それを、庇わないばかりか、逆に、局長の尻馬に乗っかって、「だから、詰めが甘いんだ。いつも言ってるじゃないか」と、課長補佐を攻撃し始める課長がいたら……。

これを「後ろから撃つ」と言うのです。

目の前には、迫力たっぷりの局長。そして、課長補佐が局長に対して説明をする。その課長補佐の後ろには課長が控《ひか》える。

つまり、この課長は後ろからの援護《えんご》射撃を期待されているのです。それなのに、後ろから課長補佐を攻撃し始めたら？　これでは、味方が寝返って、背後から奇襲をかけてきたようなものなので、ひとたまりもありません。

仮に、「後ろから撃つ」という卑劣極まりない行為をされた場合には、部下は、その事実を決して忘れることはないでしょう。

確かに、局長からの指摘と課長補佐の受け答えを聞きながら、「自分の前で話していたことと違うのでは？」「聞いてないぞ？」と思うようなこともあるでしょう。

しかし、そこはぐっとこらえて、擁護《ようご》する。最低でも、黙って一緒に叱られる。そして、自席に戻ってから、個別に部下を叱る。それが上司としての「武士道」だと、ぜひ心に留めていただきたいと思っています。

POINT

自分の経験を客観的に振り返りながら、これからの道を決めよう。

第3章

俯瞰力を磨くステップ1

自分を正しく認識しよう

自分と距離をとる

自分を客観視するトレーニング

まず体を動かし、だんだん考える配分を増やし、自分の頭で考えて判断できる人材になっていく。

これが前章までで述べた、「働きながら俯瞰力を磨く方法」です。

この章からは、「パーソナルに行える俯瞰力の磨き方」についてお話ししましょう。

この方法の第一歩は、自分と向き合うことです。

俯瞰力は、周囲の価値観や行動が織り成す全体の構図を見る力ですが、その中には自分自身も含まれます。自分が、この立場から、どうものを見ているかを確認できていなくてはならないのです。

自分を客観的に見るトレーニングが、そのために必要不可欠になります。

その方法は、意外に簡単です。

嫌な目にあったら、誰しも、「ショック！」「ひどい！」といった感情に襲われることでしょう。そんなとき、ただ感情に流されるのではなくて、自分の感情を自分で叙述《じょじゅつ》してみるのです。つまり、「私は、今、ショックを受けている」「私は、今、ひどく落ち込んでいる」と、自分で自分に明確に言い聞かせます。

この方法によって、自分を客観視でき、自分の感情の波から距離を保てるようになります。

この方法を発見したのは、実は学生時代でした。

大学3年生のとき、私は司法試験合格を目指して、猛勉強をしていました。

一日24時間のうち、睡眠は3時間。食事は20分ずつ3回で合計1時間。入浴に20分、夜ごと母に電話をかけるのに10分。残りの19時間半は全部勉強時間。

この異常なスケジュールが精神の均衡《きんこう》を狂わせないはずがありません。寝不足と切迫感の中、ついに、私は、「幻聴」を聞くまでに追い込まれました。

しかし、そのとき、私は気づいたのです。過酷な状況ではありながら、それと同時に、そんな自分を少し揶揄《やゆ》するような自分がいることに。

「何か、私、すっごい必死になってない？　ちょっとウケる（笑）」なんてね。

それは、自分自身から離脱して、自分自身を見つめるような感覚でした。

あとあと思い出すにつけ、あの視点のおかげで、私は何とか理性の世界につなぎとめられていたのだと思います。

終戦時の混乱の中で火事になり、住民全員を逃がした男が日本刀を握りしめて自害し、それを見た別の男が、「やっこさん、なにも自害することはなかったのにな」と不謹慎な感想を漏らす。戦時中の美談を、斜めから見る冷めた視点に、主人公は「終戦」を実感するという話がありました。

このように、平時と違う状況においてもなお、その自分を外から見るような、揶揄するような、皮肉るような、そういう斜めからの視点というのは、自分自身の価値観だけに没頭しないために重要ではないかと思うのです。

客観視と「作家の視点」

そう考えると、客観視は「切羽詰《せっぱ》まった心を救う」効用があるのです。

私のケースとは比べものにならないほど深刻な例ですが、大学の英語の授業で、内戦下のユーゴスラビアをテーマにした文章がありました。そのときの、ユーゴスラビアからのメッセージは強烈でした。

来る日も来る日も銃弾が頭上を飛び交う状況、外出するときの恐怖、命を守るための涙ぐましい工夫――そうした中で、私たちは、常に、眉をしかめ、深刻な顔をして、死んだように暮らしていると思いますかと、戦時下の住民は私たちに問いかけます。

そして、「答えは否です」と続けます。

こうした極限状態で、精神の平衡《へいこう》を保つためにこそ、ユーモアが必要なのだぞうです。そして、彼らは、銃弾が飛び交うユーゴスラビアでの日常生活を、軽妙な、そして、ときとしてきわどいユーモアを交えて語ってみせます。

以前に、コメンテーターとして出演させていただいた番組の中で、白血病を発症された大塚範一《のりかず》さんの特集がありました。

「涙を流さないように」と身構える私の横で、大塚さんのご友人であるテリー伊藤さんが、「大塚さんは、真面目なキャスターのイメージがあるけれど、俗っぽいところもあってね……」と語り始めます。

「なんて不謹慎な……」と思いましたが、VTRに真剣に見入るテリーさんの横顔を見ながら、その意図に気づきました。

白血病と闘病中の方だって、できるだけ、それ以前と同じ状況で日常を送りたいでしょう。白血病と闘病中であることを理由にして、突然、聖人君子のように扱《あつか》われ、すべて美談に仕立てあげられるのは、もしかしたら、ご本人の意図に反することかもしれません。感情的になっても、物事はいい方向に進みません。深刻な状況下においても、冷静な理性は常に必要です。そして、それは対象に没頭するのではなく、外側から客観視することで得られるのではないかと思います。

この視点は、作家の視点とも似ています。小説の文章は一人称の語り形式もあれば、語り手を置かずに綴《つづ》られていくものもあります。後者の場合、読者は基本的に、その記述を公平で間違いのない情報として信頼します。

自分の行動を、自分を描く作者の視点で見てみましょう。それは、登場人物である自分を自在に動かせる力と、公平性と信頼性を兼ね備えた視点なのです。

POINT

自分を上から見る、もうひとりの自分を作ろう。

「他者」を仮想体験してみる

自分の状況を、人が体験するとしたら……

他者の目を「借りる」形で、自分と距離を置く方法もあります。

これもやり方は簡単で、「自分の状況を人に話す」。これだけでいいのです。

この方法は実際に、私が悩んだときに大きな効果を発揮しました。

ここ数年、テレビ番組に出させていただいたり、本を書かせていただいたりする機会が増えました。そんな中、強い不安を抱いた時期もありました。弁護士、コメンテーター、著述業とさまざまなことに関わりつつも、自分が何をしたいのか、どこに向かっているのか、方向性が見えなくなってしまったのです。

ひたすら「つらい」と感じていた私は、思いあぐねて友人に電話し、話し続けました。自分の状況を、どこへ向かっているか分からない、この不安を。

友人の答えはごくあっさりしたもの。

「君と代われるなら、僕が代わりたいよ」

今までの経験が消えてなくなるわけではない、新しい挑戦ができている、それはそれでとても幸せな環境じゃないか――というのです。

この一言が、かなり精神的に追い詰められていた、そのときの私を救いました。「私の状況は、客観的に見て不幸ではない」と感じることができたからです。

それ以来、よく試すのは、別の人格を自分という器の中に一時的に「放り込んでみる」というワザです。

「彼が今の私の状況に立てば、どう感じるだろう?」「彼女がこんな目にあったら、何て言うだろう?」と想像します。だいたいは想像によってこと足ります。

さらに、自分ひとりで考えていて、かなり思い詰めてしまった場合には、実際に本人に聞いてみます。「私の立場だったらどうする?」と。

こうして「他者の視点」をインタビューすると、逆境だと思い込んでいた状況が、彼にとっては何でもないことであったり、彼女にとってはむしろ恵まれたことであったりと、さまざまな見方ができるようになります。

人の状況を、自分が体験するとしたら……

新しい視点を得る方法は、「逆方向」にも活用できます。

「自分が、他者の立場だったら?」と想像してみるのです。

私は電車に乗ったとき、車内にいる人を見ながら、一人ひとりの生活をあれこれ想像するのが好きです。

そして、その人と自分が入れ替わったらどうだろうと、擬似的な想像を働かせます。

参考書を開いている高校生を見て、「受験生か。通学時間であろうとこの1年間は気が休まるときがない。つらいだろうな」と過去の自分を思い出し、シンパシーを抱きます。

新聞を細く折りたたんで読んでいる男性を見ると、「毎日、満員電車で通勤しているのだろうか」と思いを馳《は》せます。スーパーのレジ袋を重そうに提《さ》げている女性を見ると、「そうか。歩いて行けるスーパーがなくて大変なんだな」と勝手に想像したりします。

どんな仕事をしている人なのか、この時間に電車に乗るのは忙しいからなのか、お家に帰ればどんな家族が待っているのか……と、さまざまに想像をふくらませるのです。

その人に「なったつもり」をしばらく続けると、たいてい、あることに気づきます。それは、どんな人にも、人それぞれの苦労がありそうだということ。そのとき自分がトラブルや悩みを抱えていても、誰もが大なり小なり満たされない思いを抱えているのだろうと思うと、不思議と気が楽になってきます。

そうした効用を抜きにしても、この擬似的な想像は「単純に楽しめる」というのもメリットでしょう。

電車に乗っている間だけ体験する、別の人生。

あるときは女子高生、あるときは中年男性、あるときは孫の手をひいたおばあさん……。

ちょっとした冒険感覚を味わえるひとときです。

ちなみによくある失敗が、観察する相手を「評価」してしまうこと。

「なかなかイケメンだ」「華奢《きゃしゃ》な人だ」「あのジャケットはイマイチだ」などと思うのは、それが良い評価であれ悪い評価であれ、ここでは禁物です。なぜならそれは、相手になりきっているのではなく、他者として外側から相手を観察している証拠だからです。

感想や見解はすべてシャットアウトして「その人になった自分」を想像し、凝り固まった視点をほぐしましょう。

POINT

自分と他者を入れ替えて想像すると、たくさんの視点が生まれる。

自分に対してフェアになる

「謙遜しすぎる自分」を見直してみよう

他者の目を借りて「物事にはいろいろな見方がある」という実感を得られたら、再び自分の目で、自分自身を振り返ってみましょう。

まず考えたいのは、「自分の長所に対する態度」です。

長所を指摘されたり、自分で意識したりするとき、人は「過剰に謙遜する」傾向があります。

そして、自分の中にだって、そうした面があることに気づきます。

人から褒められたくてたまらない、さり気なく自慢したりなんかして。ですが、いざ、手放しに褒められると、気恥ずかしくて、いてもたってもいられなくなり、しまいには、皆まで待てず、話の腰を折る勢いで、「いやいや、とんでもない」「私なんて」と、聞かれてもいない自分の失敗談を話してしまったり。

ここには、どのような心理が働いているのでしょうか。

ある種の防衛本能があることは確かです。同調圧力の強い集団の中では、突出して褒められると居心地が悪くなりがちでしょう。内心、自分でもその長所に自負を抱いている場合にはなおさらです。だから、誇らしさとは裏腹に、それを打ち消すような強い否定の行動をとってしまうのかもしれません。

しかし過剰に謙遜する癖があると、だんだん自分を正しく評価できなくなってきます。過小評価し続けることで、本来持っていいはずの自信まで損なわれてしまうことがあります。また、逆に、「いやいや」と打ち消す裏側で、「こんな素晴らしいのに謙虚な自分」に対する自己評価が、ナルシシズムに近い形で、異常にふくれあがる、なんてこともあるかもしれません。

自分で自分の長所を認めることは、そんなに悪いことなのでしょうか。

決してそんなことはないと思います。逆に、自分の長所を、過大評価も、過小評価もせず、客観的に認めることができたら、人として成長するための第一のステップを超えられるのではないでしょうか。

以前、アナウンサーの高島彩さんのエッセイを読んで、はっと気づかされたことがありました。

高島さんも「いやいや」と謙遜してしまうタイプとのこと。メイクさんやスタイリストさんには褒め上手な方が多くて、いつも「いやいや」「いやいや」と手をひらひら振って否定することに疲れていたそうです。そして、「お綺麗《きれい》ですね」という褒め言葉に対して、「ありがとう」と鷹揚《おうよう》に応える女優さんたちを、いつも違う世界の方のようにご覧になっていたとのこと。

ところが、あるとき、何かのきっかけで頭皮ケアを始めたとのこと。それは思ったよりも労力と時間を要する地道なものでした。メイクさんから「髪の状態がとてもいいですね」と声をかけられ、「ありがとうございます」と素直に答えた自分に驚いたと綴《つづ》っていらっしゃいました。そして、高島さんは、こう続けるのです。自分は頭皮に関して地道な努力をしていたから、それに対する評価が素直に嬉しいと思ったと。きっと、女優さんたちは、皆さん、毎日、美に対して地道な努力をされ、だからこそ、それに対する称賛は、お世辞とも皮肉とも思わずに、素直に受ける気持ちがあるのだと。

人が持つさまざまな長所は、もちろん天賦《てんぷ》の才もあります。しかし、それを維持し続けるには、やはり地道な努力が必要でしょう。学歴にしろ、キャリアの成功にしろ、さらに優れた性格や年を経てもなお美しい容姿にしろ、自分自身を地道に向上させ続けたことの端的な表れです。そうした努力に誇りを持てるならば、それに対する賛辞を素直に受け入れるのが、自分に対する公平な態度ではないでしょうか。

自己分析は「自分いじめ」ではない

過小評価も過大評価もせず自分を見る――これができる人は意外に少ないもの

です。多くの人が、謙遜と傲慢《ごうまん》がないまぜになったような自己評価を、自分に下しています。

そう、謙遜と傲慢はえてして表裏一体になるのです。「人にはこんなに褒められるけれど、私はそれに値しない」と卑下しつつ、その裏で「こういうふうに謙虚になれる私は、本当に素晴らしい」という隠れた自己愛が募《つの》っていきます。

自分に対する過小評価と過大評価は、自分自身の精神を歪《ゆが》める要因にもなるでしょう。自分をフェアに評価できることが理想です。

そこで有効なのは、誰かといる時間とひとりの時間のバランスです。ずっと誰かと一緒に居続けると、自分とその人を比べ続けることになります。自分のことを考えることも減ります。ご家族と一緒に住んでいる方でも、一日に一度は、ひとりになって、自分のことを考える時間が必要ではないかと、私は思います。

このとき気をつけなくてはいけないのは、自分のことを考えるときの心構えです。女性にありがちな傾向とも言われますが、自分のことを延々と責め続ける状態に陥ると危険です。

失敗ばかり思い出してしまう。欠点ばかりあげつらってしまう――私もそうなることが多いのです。でも、こういう自己評価は自分に厳しいようで、結局、一種の自己陶酔《とうすい》に過ぎないと思って、自分を戒《いまし》めるようにしています。

自分自身を悲劇のヒロインに仕立て上げるのはとても楽しいもの。甘美な自己陶酔にひたれます。ですが、挙げ句の果てに「トラウマ」を作り上げて、何かができないときに、何でもかんでもトラウマのせいにするようになったら……。

自分の欠点を客観的に評価して、それを何らかの形で乗り越えようとする向上心がなくなってしまいます。

自分を責めたくなったら、それと同じだけ、自分を褒めるようにしましょう。自分はこれができる、ならばこれもできるようになるだろう――と考えていく。それが自分に対してフェアになるための第一歩だと思います。

POINT

卑屈にも傲慢にもならず、公平に自分を評価しよう。

自分の能力の本質を見極める

自分の長所を「細分化」してみよう

自分の長所を考えるときのもうひとつの関門が、「その正体がよく分からない」ことです。

自分の能力について、人はどれだけ把握できているでしょうか。

私自身は、漠然とした感覚しか持っていませんでした。

勉強ができるね、頭がいいねと言われてきたので、「そっか、私って頭がいいんだな」と思っていました。

しかし実際のところ、「頭がいい」とはどういうことなのでしょう。

その内容は実に曖昧です。おそらく周囲は、東大を首席で卒業した経歴から「頭がいい」と言ってくださるのでしょう。しかし、私自身は、映像記憶のような特殊能力があるわけではもちろんなく、驚くような発想力や論理力も持ち合わせません。したがって、「頭がいい」という他者からの評価と、自分自身の評価に、ずれを感じていました。それが長年、自分の中で若干の気持ち悪い感覚として残っていたのです。

「私は『頭がいい』と言われる。しかし、私は、世間一般に言うところの『頭のいい』人の能力を持っていないのではないか。私は、人の期待に応えられないのではないか」

自分で本を書くようになって、私は、自分の能力と客観的に向き合う経験をしました。

私の場合、頭がいいとされたのは、勉強ができたからです。

勉強ができたというのは、テストの成績が良かったからです。そして、テストの成績が良かったのは、勉強法を確立していたからです。

そう、私が行ってきた勉強法は、53ページでも述べた「7回読み」でした。テキストの流し読みを何度も何度も繰り返すという方法を自著で紹介しました。読んでくださった方々の反応は、「なぜそんなに繰り返せるの?」というもの。多くの方が、反復することに苦痛を覚え、途中で飽きてしまわれるようです。

そこで、私は、気づきました。

そうか、なるほど。私の能力の根本は、この繰り返す力なのだということに。

私は繰り返すことが好きです。

朝起きてから家を出るまでの手順、家から職場までの道順、そういうものが決まっているほうが、私にとって好ましいのです。家から職場までの道にある建設現場を、毎日、同じ時間に同じ警備員の方に挨拶《あいさつ》しながら通り過ぎる。そういう安定した日常に対して、私は大きな安心感を覚えます。それが、私の生活の基盤になります。

そうした変わらない日常があるからこそ、たとえば、テストや大事なプレゼンテーションなどの非日常を「今日のハイライト」と捉え、集中力を発揮することができるのです。

繰り返す力、これが私の根源的な能力であると気づきました。

これは「頭がいい」という評価に比べて、ずっとしっくりくるものでした。

そして、私は、はじめて、他の人から「頭がいい」と褒められても、不安な気持ちにならずに胸を張れるようになったのです。「地道に繰り返す能力なら、自信がありますから」と。

評価には主観が入るが、事実は動かせない

このように、自分の能力の「本質」をつかむことはとても大事です。

周囲からの評価ではなく、自分自身の目で見極めてはじめて、正しい自己評価ができます。

そこで、この抽象的な評価を、少しずつ分解していく思考が役立つのです。

当たり前のことですが、周囲はここまで細かな分析はしてくれません。たいていは、「頭がいいね」「かわいいね」などの抽象的な評価に留まります。

ならば、その「かわいいね」の内容を考えていきましょう。

あなたの中の何を、相手は「かわいい」と評価したのでしょうか。容姿でしょうか、動作でしょうか、今着ている洋服か、はたまた、内面的な要素か。

内面的な要素、たとえば、性格がかわいいとしたら、さらに、どのように特定されるのか。素直な態度か、ときに見せる間が抜けたところか、無邪気な笑い方か。

では「素直」だとしたら、どんなところが素直なのか……。

と、どこまでも細かく、具体的に、自分の行動を振り返ってみるのです。

その先に、自分の「核」が見つかります。

この核の部分まで行き着くと、能力の本質とは「優れているか否か」の問題ではなく、単なる事実であることに気づくでしょう。

私の場合もそうです。「頭がいい」から細分化していって行き着いたのは、「繰り返しが好き」。それは良い悪い以前の、単なる事実です。

しかし事実というものは、決して動かせない強さを持っています。

弁護士をしていたときも、「事実と評価を分ける」重要性を、嫌と言うほど教えられました。

事実をまず記述し、それを法的に評価するのですが、その二つはしっかり区別しなくてはなりません。事実は主観が入らず、争う余地のない部分ですから、強さとしては「別格」なのです。

評価は人によって変わるものですが、事実は動かせません。細分化によって見つけた動かせない事実は、「軸」となって自分を支えてくれるでしょう。

POINT

漠然と捉えていた長所を細分化すると、自分の軸が見つかる。

感情をコントロールする

感情をコントロールする方法

客観的で公平な視点をしばしば妨《さまた》げるのが「感情」です。

私も感情的なほうなので、「山口さんって気分屋ですよね」と、言われたことがあります。

プライベートではともかく、同僚にこう言われるのは気になるもの。職場で感情を出してしまっているとしたら、仕事にも支障をきたします。

そこで、自分の感情の癖を調べてみようと思い立ちました。

まず、「気分屋」と評される私の言動はどのようなものかを考えてみます。

私の場合、ヒステリックに怒鳴り散らしたりすることはありません。どちらかというと、ひっそりと不機嫌になるタイプ。そういうときには、だいたいイライラして我慢ができなくなります。そして、「不機嫌」のひとつのメルクマールとして、誰かの話を最後まで聞けなくなることに気づきました。相手の語尾に重ねるように、自分の発言を押し込んで、相手の言葉を遮《さえぎ》ってしまうことがあるのです。

次に、どんなときに不機嫌になるかを考えます。それには、自分が不機嫌になったときのことを思い出し、各場面の状況を振り返るのが近道です。

すると、これにも一定のパターンがあることに気づきました。

まず、睡眠不足のとき。忙しくて、睡眠時間が削られると、私は途端《とたん》に短気になります。メルクマールは6時間睡眠。睡眠時間が6時間を切った場合には、体がどんどん不調になり、それに比例して気分もどんどん低下していくことに気づきました。

さらに、仕事が立て込んできたときにも、イライラが頭をもたげてきます。

そういうテンパった状況で、難しい質問が飛び込んできたりすると、私の不機嫌は瞬時にピークに達します。

ここまで分かれば、次は対処法です。

まず120ページで述べた、「自分を客観的に見るトレーニング」をします。「今、私は不機嫌になっている」と、自分の状態をレポートしてみると、心に余裕が出てきます。

そして、「その態度を外に出すのはフェアではない」と考えます。なぜなら、この不機嫌は、相手のせいでもなんでもないからです。したがって、ここで不機嫌に振る舞うことは、自分勝手な事情を周囲に押しつけることになる。つまり、単なる八つ当たりというやつです。

最後に、外に出さない工夫をします。これは意外に簡単でした。つまり、自分は不機嫌であると意識して、あえてそれを態度で打ち消すのです。意識的に笑顔を作り、相槌《あいづち》を打ち、相手が話し終わるのを待ち、ゆっくり話す。特に「人の言葉を遮る」という悪い癖を意識して封印します。

こうやって、感情コントロールができるようになりました。

感情そのものを否定してはいけない

一方で、感情をすべてシャットアウトしようとするのも禁物です。

私たちのような法律に携わる人間は、全般に「いつも合理的でいなくてはならない」と思っています。そのため、自分の中に感情的で非合理的な部分があると、無理にそれを押し込めようとしがちです。

女性、特に働く女性には、多かれ少なかれそういう面があるのではないでしょうか。

しかし、人間は、常に合理的に考えられる生き物ではありません。自分の中に感情的で理屈に合わない面があることも、きちんと認める必要があります。

かつて、クリントン元大統領とモニカ・ルインスキーの不倫が世を騒がせたとき、ヒラリー・クリントンは、少なくとも公衆の前では、感情的な面を見せようとしませんでした。逆に、感情的な側面をあえて隠して夫に理解を示しました。その態度が「ヒラリーはうそつき」のイメージを作り上げ、10年以上を経てなお、2016年の大統領選でヒラリーを苦しめました。

クリントン夫妻の間でどのようなやりとりがあったのかは分からないし、その後、二人の関係がどうなったのかも分かりません。けれど、当然わき上がるであろう感情を、あえて排除することは、何らかの不自然な抑圧を生むことは事実です。

自分の中の「不合理」を受け入れる

そういうレベルの話ではありませんが、私自身も、理論によって感情を殺したために失敗した経験がありました。

私が出版したある本について、そのタイトルがどうしても気に入らなかったのです。しかし、「これは私の感情の問題。不合理にごねるのはよろしくない」と思って、そのタイトルのまま、本を出すことを承諾しました。結果、私は、最後までどうしても納得できない心のしこりを残してしまったのです。それによって、その本の内容をうまく人に伝えることができなくなりました。今でも、そのタイトルを聞いた瞬間に、背筋にひやっとしたものが走ります。

それ以降、私は、これは自分の感情の問題と分かっていても、いえ、だからこそ、決してそれを無視しないようにしました。

ある本の表紙の写真を選ぶ作業のときのことでした。2枚の写真があり、どちらも似たようなもの。そして、私はじっくり時間をかけて1枚を選び、1枚を落としました。そして、その過程で、私は自分の選んだ1枚に特別な執着を抱くようになりました。

結局、私の希望に反して、私が選ばなかったほうの1枚が採用されるとのお電話を、出版社の方からいただきました。理屈で考えれば、「まあ、いい」と済ませられるレベルです。実際に、妹に2枚の写真を見せましたが、「えっ、今の二つ、違う写真なの?」と聞き返されるくらい、同じような写真だったのですから。

しかし、私は、自分の中に生まれた執着を、今度は無視しないことにしました。

自分が不合理なことを言っていると思いつつお願いするのは、つらいものです。自分自身がひどく愚かな人間に思えてきます。

ですが、「感情の問題であることは分かっているんだけど……」と前置きした上で、最後まで拘《こだわ》り続けました。

そして、それによって、私は、一切のわだかまりを残すことなく、自分の本を世に送り出すことができました。

自分が理知的な人間であるという自負を持つ人ほど、自らの感情を、「不合理」と切って捨てる傾向があります。

しかし、自分自身の不合理性にある程度向き合って、付き合っていく気持ちも、実は重要です。

何も言わずに我慢して、心にしこりを残すよりは、「気持ちの問題であることは十分承知していますが……」と前置きして、言いたいことをぶつけてしまったほうがいいのです。

POINT

感情に振り回されず、感情を押し殺さず、コントロールしよう。

自分の中のバイアスを知る

「地軸説」にとらわれていないか

最近とみに思うのが、「自分が属する層」は比較的限定されている、ということです。

「30代の働く女性」というと人口も限られます。価値観や行動も、共通の層の中でしか通じないものがたくさんあるでしょう。

私たちに限らず、どの層の人も、その人たちだけの価値観を持っています。

そして、人は、自分の属する社会だけの価値観であっても、それがあたかも全員が共有しているものであるかのように、知らず知らずのうちに誤解する傾向があります。

私は、この考え方を「地軸説」と呼んでいます。

地球は自分を中心に回っているわけではない。地球が地軸を23・4度傾けているのは自分のためではない。そういう厳然とした事実があるにもかかわらず、自分が真ん中にいるかのような気持ちに陥ってしまうのです。

加えて、これまた誰にも共通することですが、人が日々接する相手は、その人自身と似た境遇の人に偏りがちです。学生が学校に行けば同年代とばかり顔を合わせます。社会人は当然、「同じ仕事に就いている人」と毎日会うことになります。

その中で価値観はいつしか偏り、固定化し、そして、その部分的な世界の「常識」を全体の常識と思い込むようになるのです。

その傾向が表れやすいのが、他者を批判するときでしょう。

「それは非常識だ」「そんな行動は普通あり得ないだろう」などというとき。自分の「常識」や「普通」が、どれだけ普遍的な広がりを持っているのか、自省的に検討する必要があります。

財務省時代の先輩で、そのような場面で面白い対処をしている人がいました。彼女は正義感の強い人。だからこそ、誰かの言動に対して、「これは絶対おかしい！」という憤りを感じることも多かったそうです。しかし、彼女が偉いのはここから。「おかしい」と感じても、それをすぐに相手に伝えることはありません。彼女は、そこから三つのステップを踏みます。

ステップ①は、夜寝るときまで放っておくこと。そこでも、その憤りを忘れることができなければ、次は、ステップ②として、憤りを日記に書く。さらに、ステップ③として、次の日の朝に日記を見直しても、自分の憤りが完全に正しいと感じた場合には、相手に伝えるとのことでした。

感情が沸騰《ふっとう》した瞬間に、その内容をメールに載せて送ってしまい、いたく後悔した経験が、私にはあります。日記など、自分が書いたものを、時間が経ってから見直すことは、簡単にできて自省の役割を果たすのでお勧めです。

自分と違う立場の人の意見を聞こう

ひとつの立場に凝《こ》り固まりそうになったときに、違う立場の人の意見を聞くことも重要です。

私たち独身女性の間で、よくある話題のひとつは、「あの人、デートに誘ったのに割り勘だったのよ！」というもの。これを、独身女性のグループで披露すると、たいてい「えー、それなら誘うなって感じよね～」という反応が得られます。

しかし、この手の話題を男性のグループに聞くと、違う視点が得られることに気づきました。

たとえば、相手の男性の年齢や職業などを聞き、「年下じゃないか」「転職活動中で、将来の収入が不安だったんじゃないか」などという理由をつけた上で、「割り勘で当然」「むしろ、全部奢《おご》ってあげるくらいの気持ちで」なんていう答えが導き出されたりするのです。

俯瞰力の観点からは、どちらにも一分《いちぶ》の理《り》がある。独身女性グループの意見にも、男性グループの意見にも、それぞれ合理性があると思うのです。大切なのは、どちらが正しいのかではなく、物事を一面的に捉えずに、複数の視点から捉えることだと、私は思います。

そのためには「立場の違う人」の意見を聞く習慣が大切です。

似た境遇の人同士で固まると、価値観が偏ります。であれば、性別や年代や職業の違う人と接するのが一番の解決策です。

自分と性別、境遇、年代などが違う友人を作り、気軽に電話やメールで話のできるような関係を築いておくことは、とても大事だと思います。

ちなみに、女性は、女性同士で話して解決しようとする傾向がありますが、これはこれで考えもの。先ほどの例のように、一定の方向から物事を断じやすかったり、また、立場の違う友人という場合にも、「キャリア志向」と「専業主婦志向」の女性の間には、お互いに感情的な軋轢《あつれき》が生じやすかったり。

こういうときに、コンプレックスもライバル意識もない男性の友人の冷静な意見は、意外と貴重だったりします。

POINT

立場の違う人の意見に触れて、凝り固まった価値観をほぐそう。

自分の思考の「軸」を見つけ出す

自分はどういうものの見方をする人間か？

ここまで、自分を客観視するためのさまざまな方法をご紹介してきました。

最後に、「自分自身の一貫したものの見方」を自覚する方法についてお話ししましょう。

普段、「私はこういうものの見方をする人間だ」と迷いなく言える人は、かなり少ないと思います。

しかし、人は誰しも、意識していようといまいと、ひとつの軸を通して、ものを見るものです。その軸を見つけることは、自分のスタンスを決める上で、非常に重要です。

一貫した軸を見つけようと躍起《やっき》になるよりも、日々の選択の積み重ねに自覚的になること。実はこれが、自分の考え方を知る近道です。

人は、毎日、無数の選択をしています。朝起きてまず何をするか、テレビをつけたら何を観るか、音楽を聴くならどんな音楽にするか……、といった小さなことから、仕事上の判断や、人生を左右するような重要な決定まで、すべて自分で選んでいるのです。

その「選択」について、自覚的になりましょう。無理に結論づける必要はありませんが、「私はこういう人間だ」という薄ぼんやりした印象くらいは、少なくともわいてくるはずです。

たとえば、自分の「お気に入り」。ランチのメニュー、服装の傾向、文房具や小物の特徴など、いつも同じものを選ぶ傾向があるなら、それは自身の「軸」と関わっているかもしれません。

ひとつひとつの選択は、他愛ないことに見えて、その積み重ねの先に、自分の価値観や嗜好《しこう》が見えてくるものです。

私自身は、自分がよく読む「お気に入り」の作家の傾向を考えてみたり、自分が言われて嬉しかった「お気に入り」の褒め言葉の傾向を考えてみたり、毎日繰り返す「お気に入り」の習慣を見直してみたりする中で、あることに気づきました。

つまり、私は、日々、何かを繰り返し、それによって今日より明日、明日より明後日と少しずつ向上し、それを着実に積み重ねていくことに価値を感じるタイプの人間だということです。

「投資家」「芸能人」「職人」などと、人のタイプを分類する心理テストが流行《はや》ったりします。しかし、自分の選択の積み重ねを振り返るほうが、一時の心理テストよりも自分を知る上で有効でしょう。

そして、自分自身を知るようになれば、自分がどういうスタンスで目の前の仕事に挑《いど》み、このプロジェクトにおいてどういう役割を果たし、その先にどういう人間になっていきたいのかという軸が、少しずつ、しかし、確実に分かってくるのではないかと思うのです。

時間の使い方にその人が表れる

時間の使い方について考えることも有効です。そこには、価値観や優先順位の置き方がハッキリと表れるからです。

一日のスケジュールや、1週間の過ごし方や、休日には何をしているかなど、日頃、自分が時間をどう使っているかを振り返ってみましょう。

この中で、最も自分らしさが出るのは休日です。仕事という制約を一切抜きにした、自分本来の選択が、最も端的に表れるからです。

出勤するまでの朝の過ごし方も要チェックです。この時間にはリミットがあるので、人は本当に必要なことだけを行います。そこに、その人の優先順位が見えるのです。

私は、この時間、「新聞を読む」「朝食」「着替え」「メイク」などをします。時間がないときは「メイクは簡単に」、つまり、「眉毛さえあればいいか」というような選択をしばしばしてしまいます。良いか悪いかは別として、それは私がメイクの優先順位を比較的低めに置いていることの表れです。

自分の中の優先順位の軸を持っておくことは重要でしょう。息子や娘である人が、企業人になり、夫や妻になり、父や母になる。私たちはいくつもの役割を果たしています。超人的な才能がない限り、これらの役割が衝突《しょうとつ》することは必ずあります。この場合、何かを捨てる必要に迫られます。

そういうときに、場当たり的に対処していれば、誰かを傷つける選択をしたのに、自分の信念に従った選択でもなかった、という苦い後悔が残ることになります。

また、選択の積み重ねによって、自分の立ち位置が見えてくることがあります。

自分で選択をする際に、少し意識してみるとよいでしょう。

こういう選択の積み重ねによって、社会問題に対する自分自身の考え方も、少しずつ明確になってきます。

北朝鮮との関係について、集団的自衛権について自分はどう感じているのかなんて、小難しいことを考える必要はありません。キャスターやコメンテーターの発言に賛同した、またはイラッとした――そういうことに自覚的になりましょう。そうすれば、そのうち、自分は、もしかしたら、これらの社会問題に対して、こういうスタンスでいるのではないかということが分かってきます。これを複数の社会問題について繰り返すと、「やや保守的」「けっこうリベラル」などなど、立ち位置がつかめてきます。

俯瞰力というのは、総体的かつ相対的な視点です。全体を見て、そして、どちらの理論にも一定の理解を示す。だからこそ、自分自身の「軸」を持つことが、とても重要になります。

POINT

何気ない無数の選択の中には、一貫した価値観がある。

第4章

俯瞰力を磨くステップ2

「人から見た自分」を想像しよう

相手の抱く「印象」に注意しよう

相手が見ているのは「全体的な雰囲気」

前章のステップ1では、自分の意見やスタンスを明確にするための考え方についてお話ししました。前章で述べたとおり、俯瞰力という総体的かつ相対的な視点を持つために、まず、自分自身の軸を確立することが大切です。そうでないと、自分自身のスタンスに対して、客観的になることができません。

それができてはじめて、他の人がどのような立場でどのような意見を持っているのかを、うまく捉えることができるようになります。

自分自身のものの見方について意識的になったのですから、それを相対化する意味で、自分自身が他人からどう見られているかについて、考えることから始めましょう。

実際、これは、多くの方がかなり気にしているテーマです。

私自身が気づいたのは、自分が思っているよりもずっと、人は、イメージというか抽象的な印象で、相手を判断しているなということでした。

たとえば「人に何かを伝える」というとき、何が重要でしょうか。

当然のことながら、言葉で何かを伝えるならば、その言葉の内容が大事ですよね？

確かに、書いて伝える場合には、文章の内容のみが問題になるかもしれません。しかし、話して伝える場合には、言葉の内容のみが問題となるわけではない。言い古されたことかもしれませんが、それをひしひしと感じる機会がありました。

あるテレビ番組に出演させていただいたときのことです。その番組のテーマは重いもので、私自身、それについて明確な意見を持っていたので、それを伝えたいという気持ちでした。

そして、発言内容について、十分に準備し、留意したのも事実です。

番組が放送された次の日、外で食事をしていたら、「昨日の番組を観ましたよ」と隣の席の男性に言っていただきました。しかし、続けての感想が私にとっては衝撃的……。

「ほら、斜め横のこの角度から映っていて、けっこう、ぺらぺら喋《しゃべ》っていた……」

何それ、私の発言内容なんて、実際には、全く伝わっていないじゃない！

一瞬、憤慨したのですが、あることを思い出して納得。私が大学時代に外国人の講師の先生から講義を受け、答案の講評をしてもらったときのことでした。具体的な答案の内容を例に挙げて、この答案はこういう分析が足りていないがために、合格点を与えることができないという、非常にためになる講義だったはずです。

しかし、実際には、「この答案はだめでちゅ」という日本語が気になって、講義の中身がちっとも頭に入ってこなかったのです。

人は誰かを見ているとき、発言内容の前に、表情、口調、身振りや手振りから受ける全体的な雰囲気を、まずは見て評価しているのだと知りました。そして、この全体的な雰囲気のところで、何かが気になって引っかかってしまえば、発言内容についてまで、意識を進めてもらうことはできないのです。

相手の評価は、意外に「いい加減」

私がそれを理解したのは最近のことなのですが、営業マンにとっては「常識」のようです。

彼らは身だしなみを整えるのはもちろん、顧客の会社の製品をさりげなく愛用しておくといった気配りも欠かしません。それは自社を売り込む言葉にいかに説得力を持たせるか、といったことよりも重要なのだそうです。第一印象で嫌われてしまうと、その後、何を言っても聞いてもらえないからです。

とすると、「まずは全体的な印象を良くしよう」ということになります。もっとも、相手の評価を過大視して、一喜一憂しないことも大事です。

なぜなら、自分自身を振り返って分かることですが、誰それさんがなんだかんだという話をするときに、人はそこまで深く考えずに、いわば適当な話をしているものだからです。

あるとき、私は、友人と話をしていました。その友人は、「真由ちゃん、○○さんって知ってる？」と私に尋ねました。

「うーん、一度だけお会いしたことがあるけど、感じのいい方よね」と答えた私に、友人は、「彼が、真由ちゃんのこと、すっごく変わってるって言ってたわよ」と。

これは、私には、けっこうショックでした。一度しかお会いしていないから、あの一度をもって「すっごく変わってる」という評価になったのだろう。いったい、あのときのどの発言が、どう解釈されて、「すっごく変わってる」という評価になったのだろうか。頭の中で、いくつもの疑問が堂々巡りをしています。

そんな私の困惑を見透かして、友人は、私にこう言いました。

「気にすることないわよ。人って、意外と何も考えずに、ちょっと大仰《おおぎょう》な言葉を使って、他人を評したがるものだから」

私はその言葉に、ある意味、納得しました。確かに、考えてみれば私自身もそういう経験があったからです。

よほど近しい関係でない限り、「人は自分を深くは見ていない」。

この認識を持っておくことが、適切な距離で人との関係を築くために大切だと思います。

まあ、そうはいっても、人が自分のことをどう言ったかという話は、やっぱり気になってしまうもの。不用意に本人の耳に入れないほうがいいかもしれません。

POINT

他人は自分を「雰囲気」や「軽い印象」で評価する。

社会的ポジションの活用法

「どれだけ相手に歩み寄ったか」で判断される

全体的な雰囲気を見ながら、どのようなプロセスで、相手はこちらへの評価を固めていくのでしょうか。

初対面のとき、相手はこちらの雰囲気と同時に、こちらの肩書きや社会的地位などの情報を得ます。

その社会的地位から、「自分の側にどれぐらい歩み寄ったか」を評価の対象にするのではないでしょうか。

そう感じるのは、私の職業を知った人の反応が特徴的であることが多いからです。

弁護士をしていたときには、職業を告げないまま普通に会話を交わしていた相手に、私が弁護士であると伝えると、少し意外そうな表情とともに、「派手なんじゃないすか」と首をかしげます。

職業を告げる前を考えてみると、その人にとっての私は、「女性」という以上の情報がないはずなのです。

それなのに、弁護士というと、まずは堅苦しいイメージが浮かぶ。そして、その堅苦しいイメージを思い浮かべてから、目の前の私を見て、自分のイメージよりも「派手だ」と評するのです。客観的に見て私より派手な女性が多くいたとしても、弁護士と言った途端に、私だけが「派手」という評価になるのが不思議です。

私も、周囲の人に対して、同じプロセスでさまざまな印象を持ちます。

財務省の中で、最近の「大物次官」と評された方は、大柄で彫りが深くて印象的なお顔立ちでした。しかし、立て板に水でお話しされる官僚が多い中で、ボソボソと朴訥《ぼくとつ》な話し方をされるというのが、私が、当時、お会いした印象でした。その方は、大変シャイな性格であると伺って、納得したものです。しかし、実際には、その不器用さこそが、彼を稀代《きたい》の大物次官にしたと言われています。朴訥とした語り口こそが、政治家の心をつかみ、絶大な信頼を寄せられた理由なのだそうです。

これも、官僚という職業と彼の印象とのギャップのなせる業でしょう。政治家と官僚は若干の緊張関係にあります。政治家の中には、官僚に対して、ある種のコンプレックスを抱く方もいらっしゃいます。官僚というのは、エリートというイメージを抱かれがちです。秀才なのだろう、頭の回転が速いのだろう、論旨明快なのだろう。そして、こういうイメージは、そつなく話し、礼儀正しく接する、慇懃《いんぎん》無礼な仮面の向こうで、もしかしたら彼は自分をバカにしているのではないかという印象にまで発展してしまうことがあります。

そういう先入観があるからこそ、そのイメージとは違う、つまり、思ったよりも不器用な官僚というのは、政治家からの好感、ひいては信頼を得やすいのです。

重要なのは、自分の今の職業が、肩書きが、役職が、一般論として、どのようなイメージを相手に与えるのかということを、冷静に分析することです。その上で、そこからどの程度、相手に歩み寄ることができるかを考えるのでしょう。

政治家に学ぶ、好感を得るワザ

先の例では、一般論として、「官僚＝頭の回転が速い秀才」というイメージを前提にしているからこそ、意外にも素朴な口調が、好感度につながります。これを間違った場面で発揮すると、頭の回転が遅い人という、ネガティブな印象を与えてしまうことになりかねません。

自分が相手にどのような印象を与えているかを明確に意識した上で、そこからの歩み寄りを考えてみましょう。

ちなみに、政治家は、このイメージ活用の達人だと思います。

政治家は、意外と出身高校を大事にします。出身大学が同じでもさほどの共感を得られないのに対して、出身高校が同じだと、途端に手のひらを返したようにかわいがられるものです。

政治家の中には、官僚の出身高校をきちんとチェックしていて、自分の母校の後輩が官僚になった場合には、必ず、お祝いの席を設けてくださる方もいました。私も、そのようなお祝いの席にお呼びいただいたことがあります。

新人官僚の時代に、出身高校が同じ先輩2人と連れだって、ベテラン政治家の待つ会食の席に出かけるわけですが、ベテラン政治家は新人官僚にとっては雲の上の存在。当然、私たちのことは何もご存じないだろうと思っていました。

しかし、その政治家の方は、私たちが自己紹介をする前に、「山口さん」「佐藤君」……と私たちの名前を正確に呼んでくださったのです。

おそらく、会食の直前に、顔写真と名前を確認されたのでしょう。考えてみれば、3人分の名前と顔を覚えるのは、さほど難しいことではありません。

しかし、新人時代の私は、政治家に名前で呼びかけられたこと自体に舞い上がって、一気にその方のファンになってしまいました。

特に「忙しい人」は、大いにこの方法を活用するチャンスがあります。相手の顔と名前をしっかり覚える。相手との会話の内容をどこかに覚え書きとして残しておき、次に会ったときにもう一度話題に乗せる。すると、「こんなに忙しい人があんな話を覚えていてくれた」と、相手はとても嬉しく感じるでしょう。

好感や信頼を得たいと考える人なら、たとえ忙しい間を縫ってでも、ぜひ試したいアプローチです。

POINT

ポジションと雰囲気とのギャップが、相手の好感を得る鍵となる。

マジョリティとマイノリティの立場の差を考える

マイノリティの気持ちはデリケート

「人から見た自分」を考えるときは、相手がどんな立場にいるかが重要なポイントになります。

そこで考えたいのが、マジョリティ（多数派）とマイノリティ（少数派）の問題です。

マジョリティは、普段、自分がマジョリティであることを意識しません。たとえば日本で暮らす日本人は、自分が日本人であることを強く感じる場面はあまりないでしょう。

しかしいったん海外に行ってマイノリティとなると、自分の国民性を強く意識するといいます。

同じく日本で暮らす外国人も、自分のルーツを強く感じていることでしょう。マイノリティは、えてして、非常に感受性が強くなるものです。マジョリティのデリカシーのなさに対して、それが悪意のないものであっても、過剰に反応し、傷つくものです。

これは、私自身の経験から得た教訓です。

中学校まで故郷の北海道で過ごした私は、中学校卒業と同時に上京し、東京の高校に入学しました。

私の高校は、附属中学校からの持ち上がりの生徒が大半で、地方出身者はほとんどいませんでした。「みんな、都会の子だ……」。そこではじめて、私は、自分がマイノリティとなる状況を味わったのです。

ある日のことです。「明日は都民の日ですから学校はお休みです」と、ホームルームの時間に、先生が、私たち生徒に伝えました。そのとき、私の前の席に座っていた男子生徒が、私のほうに振り向いて、こう言いました。

「真由ちゃんは『道民』だから、休んじゃダメだよ」

今考えると、本当に些細《ささい》なことです。他愛のない冗談です。

しかし、私は、その晩、そのことを思い出して、涙が止まらなくなってしまいました。

マイノリティは、マジョリティとは異なるセンシティビティを持っています。マイノリティのそれは、マジョリティに比べて、もっとずっと鋭敏です。マジョリティの側に立つと、そのセンシティビティを忘れて、ついつい鈍感になってしまうものでしょう。

フランス国内のマイノリティであるイスラム教徒に対する風刺画をどう評価するか。性的少数者であるＬＧＢＴのアイデンティティをどう肯定するか。マイノリティにどう向き合うかが、最近、国内でも海外でも、非常に重大な問題になっていると感じます。

私自身は、マイノリティを対象にして、何らかの表現行為をすることそのものが、悪いとは思いません。むしろ、それを規制して、タブーにしてしまうことのほうが問題だと思います。

ここで忘れてはいけないことは、何らかの表現行為をするときには、必ず、「マイノリティの視点」を持つべきだということです。

「悪意はなかった。冗談じゃないか。こんなことにいちいち傷つくなんて、ナイーヴすぎるよ」というのは、多数者による傲慢です。多数者の無邪気な無神経が、どれだけ残酷に少数者のアイデンティティを抉《えぐ》るのかということを、冷静に意識する必要があると思います。そして、それでも、この表現行為に及ぶべきかを考えることが必要だと思うのです。

LGBTの活動家の方が、「誰にでも必ず、マイノリティの部分がある。それを自覚することが、マイノリティの視点に立つための第一歩だ」と仰っていて、なるほどと思いました。

自分の中の「マイノリティの部分」に耳を澄ませたいものです。

不遇のとき、優しくされた恩は忘れない

「他愛ないからかいに傷つく」ということは、裏を返せば「小さな優しさに喜ぶ」ということでもあります。

私が、常に心に留めているフランス史上の故事をご紹介しましょう。

16世紀のフランスの貴婦人に、ディアーヌ・ド・ポワチエという女性がいます。絶世の美女として名高い彼女は、フランス国王アンリ2世の愛妾《あいしょう》でもありました。

しかし、この女性、アンリ2世よりも20歳も年上。当時の基準で考えるなら、母親と息子のような組み合わせです。アンリ2世にとっては、幼いころに、憧れた女性ではあります。しかし、カトリーヌ・ド・メディシスという王妃を迎えた後でさえ、他の女性に見向きもせずに、ポワチエ夫人を寵愛《ちょうあい》し続けたのはどうしてでしょう。

さらに、いわゆる恋愛関係が終わった後ですら、彼女に対する思慕と信頼は生涯揺らぐことはなかったとか。

実際に、愛妾としての立場を超え、彼女は、政治の中枢にも深く関わったそうです。アンリ2世のもとに届く政治上の手紙は、まず彼女が封を切り、目を通したとか。さらに、フランスの公式の書類に、二人の名を併せて「HenriDiane」と署名することさえ許されていたとか。

彼女が、そこまでアンリ2世の信頼を得ていた理由は何だったのでしょうか。

それに関するある分析を読んで、私は、妙に納得してしまいました。

実は、アンリ2世には1歳年上の兄フランソワ3世がいるのです。1歳年上の兄がいるということは、普通に考えれば、アンリ2世が王位を継承することはないでしょう。したがって、アンリ2世は常に日陰の存在。

そういう不遇の王子時代の彼に、優しさを示した年上の美しい女性。早くに母を亡くした思春期の少年は、その年上の女性に対して、強い思慕の情を抱くようになった。

そして、あろうことか、その後、フランソワ3世が18歳で不慮の死を遂げ、アンリ2世は、図らずもフランス国王として、地位と権力を手にします。ですが、アンリ2世の心にいつまでも残ったのは、地位と権力を得た自分に近づいてきた人々ではなく、不遇の時代に優しく接してくれたポワチエ夫人だったのです。

みんなにちやほやされているときには、気にも留めない優しさ。しかし、不遇の時代に示された優しさを、人は忘れないものなのだろうと思いました。

POINT

弱い立場にいる人の気持ちを想像し、理解に努めよう。

「人疲れ」を回避する秘訣

人との間に発生する嫌悪感の正体とは

残念ながら、人との関係はいつも良好とは限りません。

相手のことが嫌いでたまらない、相手もこちらを嫌っているという間柄の人が、誰にでも何人かはいることでしょう。

しかし、その嫌悪感の正体を分析したことはあるでしょうか。

私は、どうしても好感が持てない相手について、それがなぜなのかを考えたことがあります。

たとえば、私は、女性の高い声が苦手です。会議の場で、アニメの声優のような高い声で話し出した弁護士の後輩を見ながら、「プロフェッショナルとしてどうなの？」と思ったりします。

この理由をよく考えてみると、私自身の内側に原因があったことに気づきます。弁護士になったばかりのころの私は、先輩にご指摘いただいて、甲高かった自分の声を徹底的に矯正《きょうせい》した経緯があります。それ以来、弁護士として話すときはもとより、プライベートの場面でも、私は低い声しか出せなくなりました。耳障りだった高い声をやめたこと自体は、職業人として致し方ないと思っています。しかし、自分のかわいげのなさは低い声のせいだと思う気持ちもあるのでしょう。

女性特有の甘えたような高い声に、嫌悪感を抱いてしまう気持ちの裏には、嫉《しっ》妬《と》心が潜んでいるのではないかと思いました。

たとえば、学生時代の私は、長い時間勉強をするのが常でした。勉強している姿を見て、「よくやるよね……」と、同級生から、軽い皮肉を込めた口調で声をかけられることもありました。今振り返ってみれば、これもまた、気恥ずかしさもなく、頑張ることに邁進できることへの嫉妬心だったのかもしれません。

ということは、誰かが自分をあからさまに嫌ってきた場合、その相手はこちらに嫉妬しているのかもしれません。相手の持っていないものをこちらが持っている、相手が我慢していることを、こちらは自由に謳歌《おうか》している。そのことを意識できていれば、相手のことをある程度理解でき、心情的な摩耗《まもう》を減らせるかもしれません。

逆に、「自分と同じ欠点を持っている」ことで生じる嫌悪感もあります。

私は、ある上司を尊敬しつつも、気分にむらがあるところは難点だと思っていました。あるとき、後輩と他愛ない話をしているときに、そのことを口にしました。すると、後輩は、私にこう言いました。

「山口さんも気分屋だと思いますけどね」

今まで批判していた上司の難点が、自分にも当てはまると指摘された私には、実際に、思い当たる節がありました。そこで、はっとしたのです。

それ以降、他人の欠点に過敏になっているときには、自分自身にも当てはまるところがあるからではないかと、自戒するようになりました。

　このように嫌悪感の正体に気づくと、ただ「嫌いでたまらない」「嫌われて傷つく」といった感情的なレベルから、少し距離を置くことができます。

　相手と仲が悪いときは、その感情から自分の側だけでも距離をとることです。すると、相手が自分のどこを嫌いなのか、という分析もできますから、上手な接し方も少しずつ見えてくるでしょう。

複数の社会に身を置くメリット

　集団の中で、自分がどう見られているかが気になって、ストレスを溜めてしまう人もいます。

　私が人間関係に最も悩んだのは中学生のときでした。私が中学生のころには、女子生徒同士で、誰かを「仲間はずれ」にすることが多かったのです。今思えば、非常に些細なことですが、何かちょっとでもみんなとの違いがあると、「あの子はおかしい」と言って、仲間はずれにすることもありました。

そのころは、給食、教室移動、トイレまで、すべて誰か友達と一緒に行動するのがルール。仲間はずれにされると、それらをひとりで行わなければならず、「ハブられて」いることが一目瞭然《りょうぜん》。非常に屈辱的な思いをしたものでした。

みんなが基本的には同じように行動する。そこから少しでも外れることが仲間はずれにされる原因となりました。それを恐れるあまり、私は、修学旅行の前になると、お風呂に入ったときに、どういう順番で体を洗うのが最も一般的な方法かを、妹に確認したほどです。

今、学生時代に戻れば、ひとりでお昼を食べて、移動して、トイレに行って、その何がつらいのかと思うかもしれません。しかし、あのころは、中学校という狭い世界が私のすべて。そこでの居場所を失うことに対する恐怖心は、とても強かったのです。

私自身には経験がありませんが、「ママ友」というのも、同じような傾向があるのかもしれません。ママ友同士の人間関係やお付き合いに疲れてしまうというお話は、一般論として、よく聞くように思います。苦手なお友達とうまく付き合うことが課題であるとか。

この背景についても、私の中学時代と同じことが言えるのではないでしょうか。

つまり、ひとつの集団の中に身を置いていると、その集団のルールを絶対視して、そこでの居場所に固執してしまうということです。

そんなときはその枠を抜け出し、その決まり事を相対化することが有効ではないでしょうか。その集団の外に、もうひとつの社会を持つのです。

たとえば、働いている母親は、会社の人間関係とママ友関係の両方に属しています。ひとつの集団の「正義」を、他の集団のルールに従って、客観的に分析することができます。そうすると、ある集団のルールにとらわれて、そこから外れる自分を極端に責める必要もなくなります。

学校や自衛隊などにおける、いじめを理由にした自殺という悲惨な報道を目にするたびに、若い命が絶たれたことに、やるせない気持ちを抱きます。

自分の存在が認められないばかりか、貶《おとし》められることは、耐え難いことです。いじめというのは、絶対に許されないことだと思います。被害者が精神的に追い込まれて、凄惨《せいさん》な結果になる前に、何か講じる手段はないのかと考えさせられます。

司法の言葉に、「部分社会の法理」というものがあります。政党、大学、宗教団体といった団体の内部の規律に対して、司法審査が及ばないことを指す法律用語です。

財務官僚や弁護士としての経験を経て、私は、この世界は、複数の「部分社会」によって成り立っていることを知りました。

財務省には財務省の規律があり、弁護士には弁護士の規律があります。ある世界での常識も、他の世界では非常識だったりするのです。

そして、複数の部分社会に所属していると、「部分社会の法理」を相対化することができます。ひとつの集団のルール、評価、人間関係から、少し距離を置くことができます。

複数の部分社会に属することで、集団に対して多角的な視点を持てるようになること、これは俯瞰力のひとつの要素として重要です。

POINT

ネガティブな人間関係によるストレスは、視点を変えると軽減される。

「どう見られるか」に振り回されない方法

批判に強くなるヒント

「人から見た自分を考える」というテーマを語りつつ、実はここまで語ってきたことは、「人からどう見られるかに振り回されない」ということに深く関わっています。

人からどう見られたって構わないという開き直りは、自分を向上させることにはなりません。

逆に、人からどう見られるかを気にしすぎても、自分自身の軸を作ることができないでしょう。

その二つのバランスをとるのが、俯瞰力です。

「自分」は、自分はこうであると思う「自分」と、人は自分をこう見ているという「自分」の両面から成り立っています。そのバランスをとるのが、俯瞰力と言えるでしょう。

先ほど、複数の部分社会に属することで、集団のルールを相対化し、集団特有の人間関係から距離を置くというお話をしました。ストレスを解消するためには、それに加えて、他者からの批判に対応するのも、重要なテーマです。

特に、SNSが発達した現在において、他者からの批判が、自分の目に留まる機会が増えました。また、一度も会ったことがないSNS上での相手からの批判には、かなり辛辣《しんらつ》な表現が含まれていたりするものです。

私も一度、魔が差して、自分の本について、Amazonで低い評価をつけている方のコメントを読んだことがあります。

そのうちのいくつかは、私のコンプレックスを鋭く突いたものでした。参考になる反面、容赦ない表現にひどく傷ついたのも事実です。

それでも、まだ、伝えたいことがあった。新しい本を書く決意をするために、「賛否が分かれるものにこそ、価値がある」と、私は、何度も何度も、自分に言い聞かせました。

誰も反対しない意見は、もはやオピニオンではありません。誰にも批判されない人は、そもそも評価の俎上《そじょう》に載せられてさえいません。

私の知り合いに、比較的、誤解されやすいもの言いをする方がいらっしゃいます。彼女を批判する記事は、私も何度か目にしたことがあるほどです。それでも、自分のキャラクターを変えない彼女について、「メンタルが強い」と、私は思っていました。

その彼女が、「賛否が分かれるものにこそ、価値がある」という言葉が好きだと言って、私の話を引用してくれている記事を目にしました。

そのとき、メンタルが強い人なんていないんだなと、私は思ったのです。傷ついた姿を見せるか、見せないかだけの問題であって、みんな、自分に対する批判と闘っているのでしょう。

もちろん、批判の中には、生産的なものも多くあるので、それは汲《く》みとる必要がありますか。しかし、過度に傷つくと、こういう生産的な部分に目を向けられなくなる。

だから、自分に対する批判で傷つくことがあれば、必ず、「賛否が分かれるものにこそ、価値がある」と、自分に言い聞かせるようにしてください。

他人の視点を「オン・オフ」する

最後に、人の目に振り回されないための究極の方法についてお話ししましょう。

必要に応じて、他人の視点への意識をオン・オフすることです。

それには、どの場面では人を意識し、どの場面では自分のことだけ考えるかを明確に区別しなくてはなりません。

たとえば人の気持ちを気遣ったり、立場を思いやったり、場の空気を読んだりするときは当然オン。この問題を解決したい、この話し合いを円満に進めたい――普通に考えれば、特に意識しない限り、他人の視点への意識はオンの状態になっていると言えます。

逆に、他人の視点を気にしてはいけないとき、こういう場合には、意識して「オフ」状態にすることが大切です。

それは、自分の中の譲れない部分を意識するときです。自分が本当にやりたいことをするとき、自分自身や家族を守りたいとき。そんなときには、人は、なりふりかまわず、「誰にどう思われてもいい」という思いを抱くものです。

「譲れない部分」は、「軸」とも言い換えることができます。

自分の中の軸について、改めて考えてみましょう。どうしても、これだけは実現したいというものはありますか？　もしあるなら、その目的のために、ときには他人の視点をオフにすることが必要です。

私の東京大学時代の友人で、外資系のコンサルティング・ファームを辞めて、お笑い芸人の道に進んだ知り合いがいます。彼女も、その選択をするときに、他人の視点への意識を、いったん、オフにしたのでしょう。
自分の中で、それだけやりたいことがあるということは、とても幸せなことだと思います。そういう場合には、スイッチを切ることによって、「無駄な電力」の消費をやめてしまいましょう。

POINT

「賛否が分かれるものにこそ、価値がある」と言い聞かせる。

第5章

俯瞰力を磨くステップ3

全体の構造を見ながら行動しよう

コメンテーターの仕事を通して①
～視点提供力～

必要なのは、「情報」よりも「視点」

「仕事をする」とは、人に何かを提供するということです。

どんな仕事であれ、その先には他者がいます。自分の属する組織があり、商品の受け取り手である消費者がいます。その存在をどれだけ広く視野の中に捉え、意識することができるか——俯瞰力を最大限に発揮しなくてはならないところです。

私は、テレビの情報番組でコメンテーターをさせていただくことがあります。

コメンテーターというものが、どういう役割を果たしているか、以前は意識したことがありませんでした。コメンテーターで今は亡き竹田圭吾さんが、『コメントする力』（ＰＨＰ研究所）という著書の中で、「適当なことを言っていると言われる」という趣旨のことを書かれていましたが、正直、私もそういう印象を持っていました。

私は当初、テレビにコメンテーターとして出演させていただいても、家のリビングでテレビを観ているときの独り言と同じような感想を、ぶつぶつと話していました。

それが、朝のテレビ局で、スタッフの方が徹夜明けで仮眠している姿を見て、「あっ、この方々って、こんなに真剣に働かれてるんだな」と気づきました。そのとき、「私ももっと真剣にならないと」と思ったのです。

そして、朝、昼、夜の報道番組を、毎日録画して、二倍速で見て、コメンテーターの発言の趣旨を考えることにしました。

そうするうちに、彼らの役割について、徐々にですが、思いを巡らせることができるようになってきました。

ニュースキャスターでもなく、アナウンサーでもなく、コメンテーターを起用するということは、他では果たされない何らかの役割を担わせているはずです。

役割のひとつめ、それはニュースと視聴者をつなぐ役割でしょう。

朝8時から10時の時間帯の情報番組で、小学生の幼い女の子に、軽トラックが後ろからぶつかり、そのまま女の子が軽トラックと電信柱に挟まれたというニュースが取り上げられました。知らせを聞いて、近所に住んでいた女の子のお祖母《ばあ》さんが駆けつけ、電信柱と軽トラックの間に挟まれた女の子の姿を目撃することになります。これに対して、コメントを求められたコメンテーターは、「かわいい孫が、交通事故の犠牲者となった姿を目にしなければならなかったお祖母様は、果たして、どんな気持ちだったか」と話して、声を詰まらせたのです。

胸を打つコメントではあります。このように、感情的に表現するコメントの意味は、何なのでしょうか。

それは、ニュースと視聴者をつなぐという意味です。

たとえば、主婦が見る時間帯の番組には、ほぼ必ず、お子さんを持った同年代の女性のコメンテーターがいます。また、スポーツ選手やタレントが、コメンテーターとして出演することもしばしばです。

スポーツや芸能などを除き、彼らは、いわゆるニュースに対して、専門的な知識やバックグラウンドがあるわけではありません。むしろ、感情的なコメントをすることが多く、そして、この場合には、それが求められているのです。

ニュースと視聴者の間には距離があります。エモーショナルなコメントで共感を呼び、視聴者の側に立ってニュースとの距離感を埋める。それが、まずはひとつの役割です。

しかし、コメンテーターの役割は、これだけに尽きません。

私が特に意義を感じるのは、報道番組において、新たな視点を提供する役割です。テレビのニュースは、常に、多角的な視点から切り取られる必要があります。それが、放送法に明記された制作側の義務でもあります。しかし、映像とナレーションのみで、この多角的な視点を提供するのは至難の業です。

そこで、VTRが終わった後に、コメンテーターが違う視点を提供する。そこにこそ、重要な意義があるのではないかと思います。

「この立場ならでは」のコメントが求められる

情報やデータに関しては、報道の部分があれば基本的にこと足りると言っていいでしょう。視聴者が求めるのは、その情報の見方を提案してくれる存在なのです。

実を言うと、私は最初、この部分を誤解していました。ニュースにコメントをする場合には、その関連資料をとことん読み込み、充実した情報を伝えなくてはならないと思っていたのです。よど号ハイジャック事件に関するニュースが取り上げられたときには、関連本を何冊も読んで、「よど号のことなら何でも聞いて」と言えるほどの情報量を詰め込みました。

しかし、それは間違ったアプローチだったのです。

コメントを求められたとき、私はよど号について詳しく調べた知識を述べました。

ところが、どうやら制作側は「よど号事件を知らない世代がどう感じるか」をコメントして欲しかったようなのです。30代の私は、50代の男性と二人でコメンテーターの役割を務めました。その男性は、よど号事件について、同世代的な感覚があり、知識もありました。それに対して、30代の私は、よど号事件のときには、まだ、生まれていない。つまり、男性コメンテーターとの対比で、私にはよど号事件を知らない世代の新しい「視点」が必要とされていました。

この一件をきっかけとして、私は情報をひたすらインプットするのではなく、自分の視点のアウトプットを意識するようになりました。

視点を提供するときには、必ず、自分自身のバックグラウンドが関連してきます。誰が、どういう立場で、その発言をしているのかについて、意識的であれと、86ページで言いました。逆もまた、しかりです。何かを発言するとき、必ず、あなたが、どういう立場でその発言をしているのかが見られています。

30代女性で、元財務官僚、法律の専門家であるというのが、私の属性です。私が発言する場合には、相手は必ず、この属性を意識するでしょう。したがって、この立場に引きつけながら、自分なりの視点を提供することが求められます。

専門家としての視点を提供

それからしばらく経った2014年7月、マレーシア航空機撃墜事件があったときのこと。

この悲惨な事件を語る切り口はたくさんあると思います。その中で、私は、自分の法律家としての属性に引きつけることにしました。つまりは、賠償問題です。

そして、航空機事故の場合の賠償を定めた条約について、話しました。過去の条約においては、航空機事故の場合には、賠償額の上限が定められています。そして、その上限額は約280万円とされ、交通事故と比較して、あまりにも低額でした。さらに、保険をかけていた場合でも、戦時免責という規定があります。戦争の中で起こった事故では、保険会社は、賠償金を支払う必要がなくなるのです。戦時下の賠償というのは、国家間の戦争賠償や戦後補償としての性格があります。これを一民間企業である保険会社に肩代わりさせることはできないため、戦時免責の制度ができました。

この事実を知ったとき、私は、ちょっとした衝撃を受けました。交通事故の場合の賠償額は、年々、高額化してきています。億を超える賠償金の支払いが命じられるのも、決して珍しいことではありません。家族が事故で亡くなった場合、その悲しみは癒やすことができません。だからこそ、せめて、経済的には補償を受けられる、これが当然だと思っていました。何の科《とが》もなく、亡くなった人に対して、経済的な賠償もなされないというのは、明らかな不合理です。

ただ、そうした不合理を責めることができるのは、平時だけなのです。戦争は、人々に不合理を強《し》いるものなのだと、私はそのとき、実感したのでした。

戦争を知らない世代である私が、はじめて、戦争の異常性を実感した瞬間でもあったのです。

私は、最後に、その点を付け加えました。そのコメントで、私ははじめて、「今日のコメントはオピニオンがあって良かった」と褒められたのです。

自分自身の専門性や属性に引きつけて、新しい視点を提供すること。さらに、「これが戦争なのだ」と、戦争の不合理性を実際に垣間見《かいまみ》たショック、そういうパッションを付け加えると、伝えたいという気持ちが、言葉に熱を持たせるのだと知った瞬間でした。

POINT

事実を述べるだけでなく、新たな視点を示せる人材が求められている。

コメンテーターの仕事を通して②
～スタンスと「落としどころ」～

賛成と不賛成は「八分二分」がベスト

コメンテーターという仕事に求められる能力は、ビジネスマンが現場で求められる発言スキルに通じるものがあると思います。

自分のスタンスを理解し、周囲が期待していることを的確に見抜くこと。それは働く人全般に必要なスキルです。

ただし、自分のスタンスをどれだけ強く打ち出すかには「幅」があります。

人の価値観はそれぞれ違いますから、あまりに自分に引き寄せて物事を語ると、共感を得るのが難しくなります。

突飛《とっぴ》すぎたり、独りよがりだったりしては、相手の理解を得ることができません。さらに悪いのは、誰かを傷つける可能性のある発言です。自分以外の人がどのように感じるかを意識していないと、誰かの気に障ることを言ってしまい、SNSでの「炎上」を招くことにもなりかねません。

そう考えると、自分が訴えかけたい層から、ある一定の共感を得られること、マイノリティを含むいろいろな立場の方々に対する配慮が損なわれていないことが、発言の条件でしょう。

とはいえ、万人に共感してもらえる「意見」は、もはやオピニオンでないことは、第4章でお話ししたとおりです。最大公約数をとった薄らぼんやりした発言ならば、あえて口にする意味もありません。

共感はゼロでもダメ、100でもダメなのです。

私の感覚としては、共感する人としない人とが「五分五分」ならぬ「八分二分」くらいになるのが最も良い塩梅《あんばい》ではないかと思っています。

この「八分二分」の感覚を得るには、とにかく発言してみて、周囲の反応を見ながら会得していくのが一番。まさに「習うより慣れろ」の世界です。

とはいえ、ひとりでトレーニングすることも、もちろん可能でしょう。

私は、新聞を読みながら、家でニュース番組を見ながら、自分なりのコメントを発してみるという練習をよくしています。会議などで発言の機会を多く持つ方なら、かなり効果のあるトレーニングとなるはずです。

限られた時間の中で、自分のスタンスを明確にしつつ、新しい視点を提供して印象に残すにはどうするか……。ぜひ、テレビに向かって試していただきたい練習法です。

コメントを求められるときの準備

番組出演前に、私が毎回行う準備やトレーニングも、そのままビジネスシーンに活用できそうです。

テーマを確認したら、まずは関連情報を収集します。

情報に目を通す中で、漠然と意見の方向性が見えてきたら、その時点で収集はストップしてよいでしょう。

次に、収集した情報と、視聴者が持っているであろう情報量の差を意識します。

視聴者は、私がやったような情報収集をしていません。そういう前提で、視聴者はどんなことを知りたいと思うだろうかと想像するのです。

すると、方向性がさらにハッキリとしてきます。

集めた情報、それに対する自分の経験やスタンス、そして視聴者の求めること。

この三要素を念頭に置きつつ、意見を固めていきます。

この場面で、私は、スタンスの幅を狭くとりすぎる傾向があります。心配なときは、信頼できる友人や知人に電話で相談し、私の考えているコメントの印象を聞きます。

そして、共感度が高すぎず低すぎない、ベストと思われる落としどころになるまで微調整します。

ちなみに、電話で感想を聞くのには、さらに新しい視点を得るメリットもあります。それに触発されて、また新しい発想が出てくることも。

これはいわゆる、ブレーンストーミングの手法です。会話によって頭を活性化することで、自分のアイデアに自信が持てるようになります。実際に発言する前の予行演習としても、大いに有効と言えるでしょう。

POINT

共感度とインパクトを兼ね備えた発言を会得しよう。

説得力のあるストーリーを作る

結論は直感でだいたい決まっている

仕事上、またはプライベートにおいて意見を求められ、リサーチをした上で、自分の意見として述べるとき、私は、いつも思い知らされます。「自分の中で、結論は最初に決まっている」ということを。

人の思考のうち、顕在化している部分は、実は、潜在的な部分に比べて、ずっと小さいと思うのです。

「○○だから、△△である」というふうに論理を組み立ててから結論を出すことを、人は「ロジカル」と呼ぶかもしれません。この場合には、理由と結論の部分が、すべて顕在化しています。

しかし、実際には、脳はそんな動きはしていないということを、私は、大学の授業で学びました。

自覚的な意識というのは、実は、脳の働きのごく一部に過ぎないのです。

この一瞬に、私たちが外界から受け取る情報は、大量です。視覚で得られた情報、嗅覚で得られた情報に、触覚で得られた情報。そのすべてを意識的に処理していたのでは、脳は容量オーバーでパンクしてしまいます。実は、私たちが無意識のうちに、脳が、あらゆる情報をすごいスピードで処理してくれているのです。

そして、その結論が、直感として示されます。

つまり、瞬時に、ありとあらゆる選択肢を排除して、「はいっ！　この結論！」として差し出されるのが、直感力なのです。

だから、直感で得られた結論は、概ね正しいということになります。

私が司法修習生だったときに、裁判官からも、これとほとんど同様のことを伺いました。判決は論理性の結晶。この理由とこの理由でこういう結論と判断を下しているかと思いきや、決してそうではない。ここらへんならばバランスがとれるという落としどころは、あらかじめ決まっている、そして、その落としどころに向けて、理由を考えていく、それが、裁判官の答えでした。

絶対的に正しい結論というのは、およそ得難いものです。

人間社会で決められていく物事は、総じて相対的で、一方から見た正義が、他方からは不正にも映ります。

その中で比較的バランスがとれた結論というのは、直感力によって得られるものではないでしょうか。

そして、その結論を、より多くの人に納得してもらうために必要なものが、「論理」です。

いわば、それは、結論の「後付け」で作られた「ストーリー」と言えるでしょう。

このストーリーが一貫していて、説得力があればあるほど、より多くの人の共感を得ることができます。そして、自分が直感で得た結論を実現する方向に、他の人を動かすことができるのです。

説得力のあるストーリーを作るには

では、心をつかむストーリーを作るにはどうすればよいでしょうか。

直感で決める結論部分を導き出すのは、ここまで何度か触れた「個々人の軸」や価値観です。いずれも自分の内側にあるものです。

大事なのは、その次の、ストーリーを組み立てる段階です。

ここでは逆に、周囲の感じ方、つまり自分の外側にあるものを考えることが必要です。

「対立する結論を主張している彼は、こういう根拠に拠《よ》って立っている。反証となるデータを集めよう」

「ボスは、こういう志向をお持ちだ。それにマッチするような説明が欲しい」

「会社の方向性は、この方向である。特徴を強調して語ろう」
――こうやって、周囲の納得感を引き出せるような内容を作り上げていきましょう。

なお、「自分には直感力がない」と考えている方には、直感力を上げるトレーニングがお勧めです。

地道ではありますが、効果的なトレーニングは、とにかく場数を踏むこと。直感力は経験の多さに比例してアップするものです。「決定する」場面に身を置いた回数が少ない人は、直感力に自信を持つことができません。小さな経験でもいいので、意識的に決定するようにしましょう。

とはいえ、この方法だと、経験のストックが溜まるまでに時間がかかります。そこで次善策として、人と話してみるという方法を試しましょう。前項でも登場した、ブレーンストーミングです。

決定すべきテーマと、それに対して自分が何となく持っているぼんやりとした印象と、知っている範囲での状況を、まず相手に話します。相手が質問したら答える。相手が意見を言えば、賛成または反対を表明する。とにかく、何か答えてみます。すると、だんだん考えがまとまってくるでしょう。

これは、ひとりでは見つけ出せなかった結論を発掘する作業です。

「直感力がない」という人は、本当に直感が働いていないわけではありません。直感と対話した経験が少なくて、直感が自分にどう告げているかを分かっていないだけなのです。相手の意見を聞いて、それに対して賛成するか、または、反対するかということを手がかりにすれば、「自分はこう思っていた」ということが見えてきます。信頼できる同僚や先輩、友人などの力を借りて、眠っている直感力を呼び覚ましましょう。

POINT

結論に至るストーリーの説得力が、勝負のポイントとなる。

対立する相手は「悪」ではない

二極対立で考えるのはNG

前項で組織の決定事項は、ストーリーとストーリーの説得力勝負であると言いました。それは「どちらが正しいか」を決めることではありません。そのときどきで、一番適していると思われる方法を採用するということです。

組織の中で誰かと意見が対立すると、つい「こちらが正しい、向こうが間違っている」という考え方に陥りがちですが、これには要注意でしょう。

自分が正義、向こうが悪、と思っているとき、向こうは向こうで、こちらを悪だと思っているかもしれません。

その構図は、古今東西、枚挙《まいきょ》に暇《いとま》がありません。

探検家マゼランは、フィリピン諸島の発見後、現地の王ラプ＝ラプによって非業《ひごう》の死を遂げたヒーローと長年伝えられてきました。しかし、フィリピンに残る文献を読むと、ラプ＝ラプのほうが、悪辣《あくらつ》な征服者マゼランを倒した英雄として描かれています。

現代においても、アメリカ側はイスラム原理主義のテロリストを悪とみなし、原理主義者たちはアメリカという物質主義社会の悪を倒すために聖戦を行っていると主張します。

お互いに自分を「正義」だと思っている者同士の争いは、こうして途切れることなく続くわけです。それが「泥沼」に陥ることも、我々はよく知っています。

物事を判断するとき、人は白か黒か、正か邪かという二項を対置させがちです。確かにシンプルで分かりやすい構図ではあります。しかし、これはあまりに単純。そして、この単純すぎる構図が、物事の全体像を見失わせ、対立構造を煽《あお》る元凶となるのです。

人と人、集団と集団の関係は、もっとずっと複雑です。対立していると思われる相手のほかに、それで迷惑を被《こうむ》っている人がいたり、両者の戦いを煽って漁夫の利を狙う人がいたり、さらにもっと別の目的を持つ第三者がいたりするものなのです。

そうした構図全体を俯瞰してこそ、本当にとるべき行動がつかめます。

無用な戦いを意地になって続けているのではないか。相手の言うことにも一理あるのではないか。自分と相手のどちらが勝つかではなく、第三の道があるのではないか。

こうした発想を持つと、「自分の主張を通す」または「相手の主張に言い負かされる」以外の解決策が見えてくるはずです。「折衷案を探る」「誰かに仲立ちしてもらう」「両方の主張の要素を少しずつ活かした、よりハイレベルな形での決定をする」など、第三の道が見えてくるのではないでしょうか。

自分の意見を組織の中で表明するときは、ただ「主張を通す」のではなく、全体の構造を見て「全体がより良い結果を得ること」を最終目的としましょう。

ときには相手の「メンツ」を立てる

しかし、こちらがそう思っていても、相手が強硬に、こちらの言い分を受け入れないというシチュエーションもあります。

それに腹を立てる前に、「なぜ相手がそうするのか」を考えてみましょう。

するとたいていの場合、相手は「ポジショントーク」をしていることが分かります。つまり、それぞれが、それぞれの立場に従って、ある一定の論理を主張しているのです。

たとえば、最近は、法律家の意見に、セカンドオピニオン的な見解を求めるお客様もいます。当然ですが、セカンドオピニオンは、当初の弁護士の見解とは違うかもしれません。日本で弁護士をしていたときの例ですが、当初の弁護士のアドバイスが間違っているとは言えないまでも、念のため「承諾」を明確に示す書面があったほうがよいとアドバイスしたことがありました。

書類1枚にサインをするくらい、それほど手間ではないはずです。しかし、書類にサインをもらったほうがいいという私たちのアドバイスを、当初の弁護士は徹底的に拒否したのです。

「サインなんて5分で終わるのだから」とか、そういう問題ではない。

つまり、これは手間暇ではなく、メンツの問題なのです。

プロフェッショナルである弁護士としては、自分の見解が間違っていることはおろか、こういう手続きを踏んだほうがより万全であるというアドバイスを受け容《い》れることすら、困難なのでしょう。

この場合も、手続き不要とする当初の弁護士見解と、追加の手続きを必要とするセカンドオピニオン、二つの見解の対立とも捉えられるでしょう。

しかし、そういう構図で、当初の弁護士を説得しにかかると、私が実際にそうであったように、徹底的な抵抗にあってしまいます。

大切なことはどちらが正しいかではない。お客様のために、どれだけ確実な手続きを実現できるかです。

そういう観点からは、「あなたがたの意見より我々の意見のほうが優れています。なぜなら……」などと理論的に説き伏せようとするのは、逆効果でしょう。

対立を煽るよりも、同じ方向に向かっていることを確認するのです。

「ご指摘のとおりです。だからこそ、起きるか起きないか分からない不慮の事態まで考えて、より手堅く、この結果を確保するために……」などと。

POINT

「自分が正しい」と思い込み、論破しようとすると泥沼にはまる。

組織の論理とどう向き合うか

個人と組織の間には葛藤がある

組織で働く人は、自分という「個人」と「組織」との間に、多かれ少なかれ、葛藤を持つものです。

「組織の論理」というものについて82ページで述べましたが、組織は基本的に、そこに属している個々人よりも組織全体の利益を優先します。

そこに自ら入ってきた以上、個人が組織の利益のためだけに全力を尽くすのは、当然だという考え方に基づいて、組織は動きます。これは、個人の視点から見ると、ときとして非情なものにも映るでしょう。

「僕は組織の歯車でしかない」という言葉があります。私が、新人のときにこのフレーズを口にしたところ、「歯車とはおこがましい」と、先輩にたしなめられました。

「現時点で、君は、歯車にすらなっていない。いわば、ネジである」と言うのです。

それは半分冗談としても、社会で働く上で、組織の論理とこの論理が一致しているときはよいのですが、ときとして利害相反が生じ得ることを、認識しておかなければなりません。

個人的感情を封印せざるをえなかったり、自分の考えと上層部の考えが一致しなかったり、心血を注いだ仕事が評価されなかったりといった「痛み」は、ある程度受け入れていく覚悟が要るでしょう。

とはいえ、後先考えずに献身してしまうのも考えものです。

私の知人に、出世をかけた大事なプロジェクトのために昼夜を問わず働き、体調不良を感じつつも休みをとらず、その末に大病を患って入院に追い込まれた人がいました。望んでいたポストには就けずに、閑職に追いやられた――という経験をしたのです。

その人は、その後、別の仕事に就き、「今なら絶対に自分の健康を優先する」と語っていました。組織の外に出たことで、過去の自分を客観的に見られるようになったのでしょう。

つまりこれも、俯瞰力なのです。

組織の中で「歯車に過ぎない」と嘆きつつも、組織に献身するあまり自分を痛めつける。「組織と自分の関係」を客観視できていないから、こういう間違った献身をしてしまいます。「組織の論理」と切り離した、「個の論理」を自覚しておく必要があるでしょう。そして、それが「組織の論理」とずれている場合、「個の論理」を微修正すれば対応できるのか、大きく譲らなければならないのか、それは譲れるものなのか、自分の根幹に関わる譲れないものなのかを、自問する必要があります。

「螺旋を登る自分」を自覚しよう

そうした姿勢について考えるとき、私は井上雄彦《たけひこ》氏の漫画作品『バガボンド』のあるシーンを思い出します。

本作品においては、主人公の宮本武蔵をはじめ、数々の剣豪が、「天下無双」を目指して、強さを極めるために生死をかけた戦いの世界に身を置いています。

その中のひとり、鎖鎌の名手である宍戸《しし ど》梅軒《ばいけん》（辻風黄平）は、武蔵に敗北を喫した後、勝者である武蔵に命乞いをします。なぜなら、梅軒は、もはや一人ではなく、彼を頼りにする少女がいるからです。生きて、その少女を守ってあげる必要があるからです。そして、戦いに敗れた梅軒は、戦いの世界から身を引き、その少女と一緒に生きていくことを決心します。

「殺し合いの螺旋《らせん》から俺は降りる」

これが、その決意を宣言する、彼の言葉です。

この「螺旋」という言葉に、私は強い印象を受けました。勝負の世界に自ら身を投じ、上へ上へと登ろうとする剣豪たちの姿——それは戦国時代から江戸時代へと向かう歴史上の世界だけではなく、現代にも通じるものです。

より偏差値の高い大学を目指し、少しでも他者に抜きん出ようとする学生。組織の中でライバルとしのぎを削り、頂点に登り詰めようとするビジネスマン。彼らもまた、薄氷を踏むような競争社会の中で、上を目指して、螺旋を一心に登っています。

勝負の世界に生きていた宍戸梅軒は、そのとき「自分は螺旋を登っている」ということをも認識していました。だから、その世界の外にさらに大切な存在を見出したとき、そこから降りることを選べたのです。

螺旋を登るのは、意義ある試みです。勝負し続け、挑戦し続けているわけですから。ただし、「自分は螺旋を登っている」と自覚している必要があるでしょう。自覚的でなければ、選択の余地なく螺旋から振るい落とされたとき、自分を選ばなかった社会に恨みを抱くようになってしまいます。
もし自覚的であれば、螺旋の頂点にある「天下無双」の称号と自分が守るべきものを比べ、場合によっては、自ら「螺旋を降りる」ことができるのでしょう。

POINT

組織で働く自分を客観視し、「燃え尽き」から身を守ろう。

全方位的な目配りを身につける

「複数のストーリー」をすり合わせる

優れた弁護士は「筋読み」が上手だと言われます。

これには二つの要素があります。落としどころへの嗅覚、つまり、直感力の鋭さ。加えて、その落としどころに向けて人を説得するための、ストーリーテラーとしての巧《たく》みさです。

ストーリーテラーとして巧みであるためには、自分のストーリーを作り上げるだけではなく、自分と対立する立場から提示されるであろうストーリーを正確に予想できなければなりません。相手側のストーリーを覆し、自分側のストーリーを補強できるようなプラスαを提示できるかどうかで、勝負は決まるからです。

そういう意味では、巧みなストーリーテラーであるためには、自分の視点のみならず、相手の視点に立って、さらに両方を俯瞰する、より高い立場からストーリーを構築できる俯瞰力が不可欠です。

さらに言えば、闘う以外の道を選択できる柔軟性も重要でしょう。

筋読みを経て対峙《たいじ》した両サイドであっても、そこから即、戦いの火ぶたが切られるわけではありません。

まずは、「戦わない」道を探るのです。つぶし合いの戦いをすれば、お互いが消耗するのは明らか。その前に自分側が譲れるのはここまで、相手側はおそらくここまでは譲歩できるはず。それならこういう落としどころにすれば、裁判にもつれ込ませることなく、和解の道を探れるかもしれないと考えていくのです。

相手側の事情に配慮し、自分側の意図とすり合わせた上で、双方が納得できる落としどころを弁護士たちは考えています。複雑な事例であればあるほど難しい作業になりますが、それでもなお、俯瞰的な視点に立って最適な解を探し続けることが大切です。

俯瞰力があれば「無用の争い」をしない

このように考えると、究極的に鍛え上げられた俯瞰力は、ある種の「平和主義」に通じるのではないでしょうか。

複数のストーリーの対立、それを上から見渡して解決策を探る。これは弁護士に限ったことでなく、あらゆるビジネスシーンで必要とされます。

交渉はもちろん、対立する社員同士や、取引先を怒らせてしまった部下や、雰囲気の悪くなったチームの問題を解決するという役割は、マネージャークラスの人なら誰しも経験するでしょう。

この場合も、取引先を怒らせてしまった部下の言い分、激怒している取引先の文句など、それぞれの立場によって、同じ出来事について、全く違ったストーリーが語られるでしょう。それに配慮した上で、より高い視点から、すべての関係者がぎりぎり合意できる一線を描き出す必要があると思うのです。

この場合の「平和主義」というのは、決して争いを避ける「事なかれ主義」ではありません。自分たちのサイドにも譲れない一線があります。そこに踏み込まれたときには、徹底的に戦う準備が必要です。しかし、それ以外の部分では、「無用の争い」によって、貴重な資源が消費されていくのを避ける柔軟性も併せ持つ。

この「平和主義」というのは、すべての関係者が何とか合意できるぎりぎりの一線を探るという意味で、攻撃よりもなお、高度な緊張をはらむものなのです。

どんな話題にも対応できるアンテナを張る

立場の高い人と、そうでない人の違いでもうひとつ特徴的なのが、「関心の幅」です。

キャリアが浅い新人は雑務に忙しい上、知識も足りないので、空いた時間に何かを読むとしたら、専門知識を増やす本や雑誌を選びがちでしょう。

しかし、ポストが上がっていくと、そうはいきません。

ある法律事務所の先生方とお話ししたときに、このことを実感しました。

「仕事が忙しくて時間がない。こういうときに少しだけ時間が空いたとしたら、法律の専門誌である『商事法務』と、日経新聞のどちらを読むか」

この質問に対して、若手の弁護士の先生方は『商事法務』と生《き》真面目に答えました。その事務所の筆頭弁護士のみが、「僕の場合は、『日経新聞』だな」と答えたのです。

つまり、若手の弁護士は、まずは、実用を重視して、法律の知識をインプットしようとする。それに対して、事務所を代表して、他の業界のエグゼクティブの方々とお話をする立場であれば、むしろ国内外のニュースを頭に入れておこうと考えるのでしょう。

ある高名な弁護士の先生とお話ししたときも、同様のことを仰いました。

「若い弁護士に、『アベノミクスをどう思う』と聞いたら答えられないんだよ」

と嘆いた上で、「自分の業界のことしか知らないようでは、人として奥行きがない。お客様から本質的な意味で信頼されて、法律問題のみならず、事業全般に至るまでの相談を受けられるようにならないといけない」と言うのです。

若いときは、とかく、忙しいものです。短期的に結果を得られるような手段を重視しがちです。そんな中で、法律の専門雑誌を読んでいるとしたら、それだけで、相当程度、立派でしょう。

しかし、もし仮に、若いうちから、ほんの少しでもいいので、国内外のニュースに関心を持つ習慣をつければ——その小さな蓄積は、月日とともに大きな差となって、20年後や30年後の自分の、かけがえのない資質となるに違いありません。

これが、俯瞰力です。

私は、かつて、自分としてはかなり大きな問題に悩んだとき、心から尊敬する大先輩に、何とかお時間をいただいて、アドバイスを求めたことがありました。

その先輩は、私の問いには直接答えずにこう仰いました。

「日本は変化の時代にある。将来的に、必ず、大きな仕事が、君のもとにくる。そのときのために準備を整えておいてください。目の前に見える物事だけを追いかけないことです。世界の動きから目を離さないように」

先輩は、私がその時点で問題だと思っていたことについて、アドバイスはくれませんでした。それよりも、そもそも、そういう問題に捉われている、私自身の視野の狭さを、指摘したのです。

その言葉が、今なら、少しだけ分かるような気がします。

もし、皆さんが、日本の頭脳と呼ばれたこの先輩に対して、アドバイスを求めたら、おそらく、答えは同じでしょう。

「俯瞰力を磨くこと」

そのアドバイスの意味を、私は、今、嚙みしめています。

POINT

重層的に、広範に俯瞰力を育て、外界と幸せな関係を築こう。

文庫版特別書き下ろし

「俯瞰力」がないとどうなる？
仕事が思うように
上手くいかないあなたへ

「ミス」の避け方、乗り越え方

失敗ばかりの社会人生活

社会人になってからの私は、失敗と失意の連続でした。

弁護士としてはじめてドラフトした英語の手紙を上司に添削してもらったときは、定型のあいさつ文以外、残してもらえませんでした。あろうことか、差出人として書いた上司の名前までスペルミスをしていたからです。

さらに、弁護士になったばかりの頃は、10㎝を優に超えるハイヒールを履いて、長く伸ばした爪に派手な色のマニキュアを塗り、脳天に響くような甲高い声で話していました。私なりの「オシャレ」は、弁護士としては相当にぶっ飛んでおり、見るに見かねた上司に、あるとき呼び出されました。

「山口さん、仮に僕の髪型がモヒカンだったと想像してごらん？　依頼者は、僕を信頼して僕に仕事を頼むことができるだろうか？」

プロフェッショナルらしい服装に改めろという趣旨の指摘であることは明らかです。ところが、何を思ったか私は、

「私が依頼者なら、先生がモヒカンでも、ぜひ仕事をお願いしたいです！」

という、とんちんかんな返答をして、上司をあきれさせました。

もちろん、私だって落ち込むことはあります。

弁護士になってすぐに、過去の新聞記事を読んで調査する仕事を上司から任されました。張りきった私は、「日経テレコン」という、記事1件ごとに情報利用料がかかる会員制データベースを使って記事を読み漁《あさ》りました。

とことん読みつくして、一息休憩を入れながら、そろそろ報告をまとめようかなと思っていたところ、データベース係の事務の女性が蒼白な顔をして、私の机

に歩み寄ってきました。

「山口先生、今日の日経テレコンの使用料、30万円を超えました……」

予想外の金額に、さすがに私も慌てました。

「私の1か月分の給料を優に超える金額……授業料としては高かったな」と猛省しましたが、もうどうしようもないことです（給料から天引きされると思っていたのに、いまだに私に請求されることはなく、どう処理してもらったのか、心から申し訳ないと思っています）。

失敗して落ち込むことはあっても、「自分のミスは自分で責任を取ればいい」くらいに思ってしまうところが、私にはあります。

ミスの責任は誰が取る？

でも、そんな考えが浮かぶたびに、私はある日の過ちを思い出します。なぜならそれは、私の意識を大きく変えた出来事だからです。財務省に勤めはじめたばかりの頃のことでした。

財務省では、課の中で最初に登庁した人が、身分証を示して警備員室からカギを借り受け、最後に帰宅する人が同じように警備員室にカギを返します。

重要な説明資料の作成を任せてもらったその頃の私は、とても張り切っていました。そして、課で最も早く登庁し、最後に帰るという、自分の勤勉ぶりと意義ある仕事に、少し得意になっていたのだと思います。

仕事が終わり、明かりを消して部屋を出る前に、いつもカギが置いてある場所に何もないことに気づきました。ですが、誰かがカギを机の引き出しにしまいこんでしまったのか、それとも気を利かせて先に返してくれたのだろうくらいにしか思わなかったのです。

それは翌朝、思わぬ大ごとになります。登庁すると、斜め前の席の係長が「カギがない」と慌てていました。誰かがカギを返してくれたのだろうという、私の淡い期待は脆《もろ》くも崩れ、誰もカギの行方《ゆくえ》を知らないことが明らかになりました。

つまり私は、財務省という、機密がいっぱい詰まった場所のカギを紛失してしまったのです。これは大失態で、課長に怒られ、総務課長に叱られ、そして最終的には、財務省のナンバー3である官房長の個室に呼ばれてお説教を頂戴しました。

新人が組織のナンバー3の個室に呼ばれるなんて、おそらくほとんどないことでしょう。私は不名誉な記録を作ってしまったのです。

この時点で、もちろん落ち込んではいました。しかし、自分が叱られて責任を取ればいい、いや、自分で責任を取れると思っていました。これがとんでもないうぬぼれだったと、後で気づくことになります。

自分の「仕事」を正しく認識する

官房長室から自分の座席に戻って、しょんぼり仕事を始めた私は、部屋の人口密度がやけに低いことに気づきます。隣の席の女の子も斜め前の席の係長も、いや隣の係すら誰もいないのです。

「大きな会議でもあるのかな、偉い人と私だけで気まずいな」なんて思っていたら、隣の席の女の子が戻ってきて軍手を探しています。

「みんな、何をしているの？」と聞いたら、彼女は口を濁《にご》しました。その口ごもり方から、私の失態に関することだと直感が告げました。

「私も、一緒に行く！」と、地下への道をたどる彼女に無理やりについていくと……そこは財務省のゴミ捨て場だったのです。1週間分のゴミが溜められたその場所は、すえた臭いがしました。そこで私の係と隣の係のみんなが総出で、シャツの袖をめくりあげて、ゴミ袋の中に手を突っ込んでいます。

湿ったティッシュや食べ残しのカップ麺を素手で分別し、夏の暑い盛りに額を流れる汗を拭うこともできずに、悪臭と虫と生ごみと……不快感の塊《かたまり》を選《え》り分けながら、私がなくしたカギを探してくれていたのです。

そのとき私は、「悪いことをしたんだ」と、やっと心の底から悟りました。官房長に怒られても泣かなくて済んだのに、涙と鼻水が止まりませんでした。

「いっつも遅くまで働いてるんだから、失敗もあるよ」と慰めてくれた係長は、忍びないと思って、ゴミ捨て場を探すことを私に知らせなかったのでしょう。

私のミスで、こんなに多くの人にこれほどの迷惑をかけるとは……。

説明資料の作成という、意義のある仕事をしていると思っていました。その忙しさゆえに、カギの管理や書類の保管のような地味な作業は、雑になったり、後回しにしたりしがちでした。

けれど、一歩引いてみると、私の「大仕事」なんてたかがしれていて、これほどの迷惑をかけてまで達成すべきものでもなんでもないことが分かったのです。

自分の仕事がどれだけの人にどんな影響を及ぼすか、「説明資料の作成」と「カギの管理」どちらが優先か——俯瞰的な観点から見直すきっかけになりました。

本当に優先すべきことはなにか

「何とか明日までにこの資料を作らなければ」——目の前のことに没頭していると、つい近視眼的になって、本当に優先すべきことはなんなのか、そもそも自分はどういう働き方をしたいのか——長期的に大切なことの価値を忘れてしまいがちです。

自分が前のめりになっていると気づいたとき、私は、少しだけでも目の前の仕事から離れるようにしています。帰り道に外気に触れたときでも、寝る前に窓の外を見るときでも、なかなか帰れないくらい忙しいなら、ごはんを買いに出たタイミングだって構いません。そして、自分に問いかけるのです。

「今、あなたにとっての最優先はなに？」と。

そう尋ねる余裕さえあれば、もう大丈夫。

「今はどうしてもこのプロジェクトを実現させたいけど、でも、部署の中の信頼とか、取引先との長期的な関係とか、同期との友情とか、恋愛とか家族とか……これよりも大事なことがたくさんあるのは分かってる」

自分に問いかける余裕がある人は、きっとそう答えられるはず。前のめりになる自分と、そんな自分を上から見る自分、この2人を自分の心の中に置けているでしょう。

そういう場合、目の前の仕事では多少遅れを取ったり、取引先に色よい返事を出せないかもしれません。ですが、長期的な意味で、職場や取引先、同期との信頼関係を維持できるでしょうし、自分の周囲のプライベートな人間関係も崩さずにいられます。

自分が熱中しているときこそ、目の前の仕事を一瞬忘れる時間を作ってください。目をつぶるだけでも構わないですから。

ですが、本当に忙しいときには、そんなことすら忘れてしまうものです。そして、失敗をして落ち込むことも出てきます。そんなときは、なんとか気を取り直して、もう一度、問うてください。

「今、あなたにとっての最優先はなに?」と。

この失敗をなんとか取り繕いたいという切望は、人間だから仕方がありません。だけど、自分に尋ねる余裕さえあれば、やっぱり同じように長期的な信頼関係が何物にも代えがたいと気づけるはずなのです。だとしたら、できる限り正直に誠実に、そのとき自分ができる最善のことを一生懸命に——きっとそういう結論にたどりつけるでしょう。

そんなことは当然だと思ってる方――熱中したとき、失敗したとき、人は何より脆いものです。だから、そんな状態で判断しないで。必ず一呼吸置いてみてください。

ピンチのときほど人の真価が問われます。そして、普段から心がけていないことは、危急のときにもできません。心のどこかに少し余裕を持つこと、自分と若《じゃっ》干《かん》の距離を取ること、ユーモアと愛嬌《あいきょう》と少しの皮肉――平時の今だからこそ、自分のそういうところを見直してみてください。

私自身は手痛い失態でがつんと気づかされましたが、こんな失敗はしなくて済むのが一番（自分にとっても、まわりにとっても）。この恥ずかしい経験が、もし少しでも皆さんのお役に立てばと思います。

POINT

全体を俯瞰して仕事の優先順位を考えれば、ミスは防げる！

あとがき

「俯瞰力」——自分でもちょっと難しい言葉だとは思いつつ、でも3年ぶりに見てもいいキーワードに思えます。久しぶりに読み返したこの本は、面白いと同時に気恥ずかしいものでした。

気恥ずかしさの理由は、「大所高所《たいしょこうしょ》」からの意見の数々。「いったいあなたはどれだけ経験を積んでるの？」と突っ込みたくもなります。失敗ばかりの仕事に落ち込みながらも、全力投球していた当時の私は、誰からもバカにされたくないと背伸びする気持ちが人一倍強かったのでしょう。

そんな気恥ずかしさを除けば、私自身、この本を読みながら改めて気づかされたのも事実です。「俯瞰力」というテーマは、仕事だけではなく人生にとって重要なことではないかと。

私が財務省を辞めたのは、この「俯瞰力」ゆえでした。

いろいろ言われていますが、財務省は驚くほど「家族」的な組織です。緊張した面持《おもも》ちで入省した初日、私は課長に命じられて他の課に届けるはずの極秘資料を、「お使い」の途中で新聞記者に強引に奪われてしまいました。

それから少しして、その内容をスクープとしてその日の夕刊に載せると、記者から電話がありました。それを聞いて、「土下座してでもそれを止めさせろ。そうじゃなきゃ、省の命運を賭けたプロジェクトがつぶれる」と課長がすごみます。記者が待つという霞が関クラブの一室に向かう私は、初日そうそうの大失態に泣きじゃくりたい気持ちでいっぱいでした。

極度の緊張に震えながら個室のドアを開けると、「財務省へ、ようこそ」という声が……。

そこは新入歓迎の席となっていました。今までの出来事は全部、忙しい仕事の合間を縫って、1か月かけて先輩方が用意してくれた「エイプリル・フール」だったのです。そうやって、新人への歓迎を示すのが財務省の流儀だそうです。

一事が万事、財務省はそういう「家族」的な組織でした。新人は、初任給が出るまで、お財布を持っていく必要なんてありません。昼食は先輩が食券を買ってくれて、夜飲みにいくと「これで帰って」とタクシー代まで渡されました。

私はこの温かみのある職場が好きでした。が、同時に自分がこの仕事に向いていないのではないかとも感じるようになりました。政治家と渡り合い、部下に指示をして、省を率いていく諸先輩は尊敬しますが、自分が同じことをする姿がどうしてもイメージできなかったのです。国会に官邸にと慌《あわ》ただしく動き回るよりも、じっくりと腰を落ち着けて粘り強く調査し、自分なりの答えを出す――そういう仕事のほうが自分には合っているように思えてきました。

「私のしたいことと、この組織が私に期待することは違う」と思い、財務省を辞めて弁護士になりたいと上司に告げました。そんな私を無下に叱りつけることはせず、上司は優しくこう諭しました。

「弁護士なんてのは、口も八丁、手も八丁の仕事だと聞いている。お前に本当に務まるのか」そう私を心配する上司の目には、誠実な光が宿っていました。私は、この人の、この組織の、「家族」の期待に応えたいと強く思いました。「やはり、ここで頑張らせてください」そういえば、目の前のこの人は文句なしの満足そうな顔で笑ってくれるでしょう。

そのとき、心のどこかが警戒信号を鳴らしました。「自分を見失いそうになっている！」そう気づいたとき、私は「この組織を辞めよう」と決めたのです。

自分のやりたいことより、組織の論理を優先させそうになっていました。一歩引いてみて、これは危険な兆候と直感が告げます。

仕事に熱中するあまり、片目の視力を失った財務省の先輩がいました。日本で迎えるサミットの準備に財務省は大わらわで、自分の目に異常を感じたものの、病院で検査するのは後回しにしてしまったそうです。

いよいよ違和感を無視できなくなって病院に行くと、「即入院！」と言われ、そのまま1か月仕事を休むことになりました。大事な時期に仕事に穴を開けたことに責任を感じた彼は、復帰後もがむしゃらに働き、その結果、リハビリを続ければ回復すると言われた視力は、もとには戻りませんでした。結局、その体調不良を原因として、彼は省を去ることになるのです。

「健康が第一。現場を離れて俯瞰的に見ると当然のことが、あのときには分からなかった」と、その人は私に言いました。誰に強制されたわけでもないのに、「省のために働く」という価値観が、自分の人生の優先順位を押しのけてしまったのです。

組織のために役に立ちたいという思いは、少なからず誰もが持つでしょう。「家族」のように自分を迎えてくれる、その組織が好きならば、なおさら。だけど……。

「このままだと、私の人生の舵取りを会社に任せることになる」

上司の誠実な説得にほだされそうになったそのとき、私の中の誰かがそう悲鳴を上げ、私は、財務省という組織を離れることにしました。

この本の中で、3年前の私はこう書きました。

「学生時代の私は、確かに、一生懸命頑張っていました。また、同時に、そういう自分を上から眺めているような『もう一人の自分』が、常に、存在していまし私を救ってくれたもう一人の私は、社会人になっても健在でした。だから、一歩引いて自分の人生を「俯瞰」して、決断することができたのです。

「自分がやりたいことは何か」まわりからなんと言われようと、それを見つけるためにした決断を、後悔したことはありません。

もちろん、皆さんに組織を辞めることをお勧めしているわけではありません。大きな組織に守られなくなって、私はとても大変な思いもしましたから。

だからこそ、組織の中にいてもなお、自分の人生を自分の手で選び取る力が必要だと思います。そして、それが「俯瞰力」ではないでしょうか。私なりに苦労をしながら学び取ったこと――少しでも皆さんのお役に立てば、これほど嬉しいことはありません。

山口真由

著者紹介
山口真由（やまぐち　まゆ）
1983年生まれ。札幌市出身。筑波大学附属高等学校進学を機に単身上京。2002年に東京大学に入学し、法学部に進み、３年次に司法試験、翌年には国家公務員Ⅰ種に合格。また、学業と並行して、東京大学運動会男子ラクロス部のマネージャーも務める。学業成績は在学中４年間を通じて“オール優”で、４年次には「法学部における成績優秀者」として総長賞を受け、2006年３月に首席で卒業。同年４月に財務省に入省し、主税局に配属。主に国際課税を含む租税政策に従事。2008年に財務省を退職し、2009年から2015年まで大手法律事務所に勤務し、企業法務に従事。2015年から１年間ハーバード・ロースクールへの留学を経て、現在は、テレビ番組や執筆等でも活躍中。
著書に『天才とは努力を続けられる人のことであり、それには方法論がある。』『ハーバードで喝采された日本の「強み」』（以上、扶桑社）、『いいエリート、わるいエリート』（新潮社）、『東大首席が教える超速「７回読み」勉強法』（ＰＨＰ文庫）などがある。

本書は、2015年３月にＰＨＰ研究所から発刊された『東大首席弁護士が教える「ブレない」思考法』を改題し、加筆・修正したものである。

編集協力：林　加愛
ブックデザイン：小口翔平＋喜來詩織（tobufune）

PHP文庫　東大首席が教える「間違えない」思考法
人生の選択を左右する「俯瞰力」の磨き方

2017年12月15日　第1版第1刷

著者　山口真由
発行者　後藤淳一
発行所　株式会社ＰＨＰ研究所
東京本部　〒135-8137　江東区豊洲5-6-52
第二制作部文庫課　☎03-3520-9617（編集）
普及部　☎03-3520-9630（販売）
京都本部　〒601-8411　京都市南区西九条北ノ内町11
PHP INTERFACE　https://www.php.co.jp/
組版　株式会社PHPエディターズ・グループ
印刷所　共同印刷株式会社
製本所　東京美術紙工協業組合

ISBN978-4-569-76791-8